ボクサー袴田《はかまだ》巌《いわお》
RUNS

齊藤 寅
ジャーナリスト | Shin Saito

青志社

ボクサー
袴田巖
RUNS

はじめに

袴田巖《はかまだいわお》が30歳の時、昭和41年（1966）6月30日、いわゆる『袴田事件』は起きた。ほどなくして袴田は静岡県警清水警察署に逮捕される。

逮捕2年後の昭和43年（1968）、静岡地裁で死刑判決、10年後の昭和51年（1976）、東京高裁で控訴棄却、14年後の昭和55年（1980）、最高裁で上告棄却、死刑確定。袴田巖、44歳。

袴田は逮捕されてからこの間、静岡県警清水警察署に拘留されていた。死刑囚となった袴田は、東京拘置所に身柄を移される。

平成26年（2014）3月27日、静岡地裁で再審開始と死刑執行停止、釈放となった。逮捕されてから47年9か月経て袴田は一般社会に戻ってきた。袴田巖80歳。

そして、令和6年（2024）10月9日、検察の上訴権放棄によって再審無罪判決（※同年9月26日静岡地裁によって出された）が確定。袴田は晴れて〝真っ白〟となった。袴田巌89歳。

袴田はこの時まで、実に人生の65・9％（獄中には54・5％いた）を自分とはまったく関係ない事件に囚《とら》われている。

多くの他人がよってたかって、まるきり関係ない袴田を事件の渦中に引きずり込みそして、もみくちゃにした。

ただ、袴田の人生の根幹は誰が何と言おうとボクシングにある。

袴田のボクシング生活は、アマチュア時代を合わせて約10年。現時点でそれは人生の11・3％。

短くとも袴田にとってボクシングこそ人生そのものなのだ。

袴田が最も輝いた眩しい〝あの夏の頃〟のような人生を追ってみた。

ボクサー袴田巌RUNS

目次

第1章 「あしたのジョー」

第2章 BOXER《ボクサー》

第5章　そして、帰ってきた

文中敬称略

第1章

「あしたのジョー」

ボクサー袴田がいた

袴田巌はプロボクサーだった。知ってはいたが、それだけだった。

袴田巌――。「袴田事件」の袴田である。

ボクサー袴田に注目したのは、袴田のドキュメンタリー映画『拳と祈り』（笠井千晶監督）を観たからである。映画は、袴田再審に対し検察が控訴を断念、袴田の無罪が確定した直後より全国公開された。

その映画に袴田がプロ時代のトレーナーが出ていた。

「袴田を（ボクサーを）やめさせたのは、オレだ」

トレーナーはそう言っていた。

半世紀近くの間、獄中にあり、その半分近くは死刑囚として過ごした袴田。獄中にありながら、〝自分は犯《や》っていない〟と叫び続けてきた袴田。

いったい、袴田はどんなボクサーだったのか？

映画に出ているトレーナーが健在であることを知って矢も楯もたまらず会いに行った。トレーナーは有田照光という。東京世田谷で長年、テント製造会社を営んでいる。有田自身もプロボクサーだった。昭和３年（１９２８）生まれ、現在96歳。元気だった。

有田は、言った。

「袴田、あいつはいいボクサーだったよ。オレが育てたんだ、不二拳《ふじけん》（※ボクシングジム。袴田がいた頃は神奈川県川崎市新丸子にあった）でねえ。あいつはね、ダウンされたことないんだよ。打たれても打たれても前に足を出すやつだよ。いいボクサーだったがな、肩をやられちまってね、続けていけねえようになっちまったんだ。それでも本人は続けたかったんだろうけど、将来を考えると無理させないほうがいいと、オレがやめさせたんだ」

有田はそう言って顔をゆがめた。

打たれても打たれても前に出ていく、なるほど袴田はそんなボクサーだったのか。

ボクサー袴田に俄然《がぜん》、興味を持っていかれた。

ボクサー袴田についての資料はないものか。探した。

それがなかなか見つからないのだ。袴田が現役プロボクサーだったのは60年以上も前のことである。生き証人もおいそれとは見つからない。トレーナーだった有田と会って話が聞けたというのは確かに僥倖《ぎょうこう》だった。

寺山修司が描くボクサー袴田の世界

意外な人がボクサー袴田のことを書いていた。

寺山修司著『スポーツ版裏町人生』(昭和五十八年八月二十五日初版　角川文庫刊)。

この本の中の「群れをはなれた狼」という章に「バンタム級六位袴田巌という男」という一節がある。

寺山修司は袴田のことを知っていたのか。

まずは、それだけで驚いた。いや、知っていたばかりか、袴田のことを思い入れたっぷりに文章にしているではないか。

あの寺山修司が。

寺山修司は確かボクサーが主人公の映画を創っていなかったか？ 寺山修司はボクシングが好きだったのか。いろいろ思いめぐらしながら、寺山修司の文章を読む。

〈その頃の、私のノートにはさまざまな試合の記録がのっている。

たとえば、昭和三十五年度最多試合出場者、というメモがある。

一人のボクサーが、月に一回ずつ試合すると、十二試合となるのだが、十二試合以上の出場者が、何と三十人もいるのである。（中略）

最多試合十九回　袴田巌（不二）十三勝四敗一分一エキジビジョン（※原文ママ）

「ああ、あの袴田はどうしているだろうか？」

と、ふと私は思った。

フェザー級のランキングボクサーで、小柄で渋いファイトをするボクサーだった。昭和三十五年の二月から十二月まで十連勝したのを覚えている。

どちらかというと打たれ強いボクサーで、チャンピオン・スカウト・リーグでは、大真拳（大阪）の藤田征樹も「打たれても打たれても出てくるので、とうとう打ちくたびれてしまった」のであった。

その袴田が昭和三十六年、ランキング上位にいて、しかも山口鉄弥との十回戦で好ファイトして、マニラ遠征。

強豪マーシング・デービッドと闘って帰国したあと突然に引退してしまった。これから、という矢先であった。「あのしぶとさで、一度もKOされたことのないスタミナは、もしかしたら、大試合で実を結んだかも知れなかったのに」

と、酒場「まで」のバーテンなどは惜しんだりしたものだ。実際、地味なファイトで、面白い試合もせず、倒しもせぬが倒されもせぬ、というファイトだったが、通好みの味のある試合をする選手ではあった。〉

寺山の袴田に対する饒舌《じょうぜつ》はこの先も続くがそのくだりはのちほど。

この寺山修司の袴田のプロボクサーとしての描写はおそらく本邦初である。後にも先にもボクサー袴田のことを書いた作品はない。

この寺山修司のわずかな文章を読んで、それこそ、ハタとばかりに膝を打つ思いだった。これだ、と直感した。

ボクサー袴田。

ボクサー袴田巌は昭和41年（1966）の事件以来、殺人犯、放火犯、やがて死刑囚となり、そのあと元死刑囚といわれるようになる。

時間の経過に伴ってそれぞれいわれ方はあったが、そんな一方的ないわれ方をされた袴田巌に対して関心は沸かない。

翻《ひるがえ》って、袴田巌の何を知っていたのか。

やっぱり、事件のことと死刑囚のことしか知らない。

袴田はそれだけの人間か？　その期間は確かに長い。袴田の人生の多くを占めている。けれどそうでない時期がある。もしかしたらそうした短い時期の方に袴田巌の真実があるのではないか。小学校低学年の算数の問題。今の袴田巌を100として死刑囚、元死刑囚の時期を引いた時の解（答）は？

寺山修司のごく短い文章を読んで、答えはボクサー袴田を追うことが、人間袴田巌の真実に近づくことが出来るのでは、と確信した。

ダメ押ししたのは、この後に出てくる袴田のこんな姿である。

〈私のもっとも印象にのこる袴田の試合は、三十五年暮れの天田和芳とのものであった。当時、天田のファンだった私は、十連勝の袴田と、勝又行男に連勝をストップされたばかりの天田との対戦に一抹の不安を抱いていた。

ノックアウトパンチを持つ天田だったが、勝又にはやはり勝てなかった。そして、同じ不二拳の、袴田である。私は天田になったような気分で、この新人をみつめていた。

その日、派手なガウンを着てリングに上がった袴田は、「あしたのジョー」だった。観客席からは、「負けぐせのついた天田なんか、やっちまえ！」という声さえかかった。コーナーで名乗りをあげられる袴田の顔には、微笑があった。

袴田は十連勝のグローブをあげて、花束を受け取っていたのだった。〉

袴田は「あしたのジョー」で、名乗りを上げられるときに微笑を浮かべていたのだ。その試合の観客席にいた寺山がこう書いているのだからそうだったのだろう。

これこそ袴田巌の真の姿なのだ。袴田巌のアイデンティティーそのものなのだ。興奮した。

ボクサー袴田巌のことを書かずして袴田の何を書くというのだろう。

寺山修司の手による演劇は観たことがない。映画にしても『さらば箱舟』という作品を封切で観たくらいのもので、それにしても寺山修司の作品だから見に行ったというわけでもなかった。それなのに偶然取り上げた寺山修司の一冊がボクサー袴田という実像を教えてくれた。

ボクサー袴田のくだりは何度も何度も繰り返し読んで暗唱してしまうくらいになったが、それにしても寺山修司による袴田の記述は感慨深い。ボクサー袴田がわずかな文でイキイキと浮き彫りにされている。目をつむると、フラッシュバックしたファイトシーンが、脳に刺さってくる。

袴田巌の最高ランキングは、バンタム級6位だった。チャンピオンや1位の選手だったらともかく6位ともなると観客席も閑散としているのが定番で、その選手の試合ぶりなど活字にも映像になることも少ない。ボクシング専門誌にしても小さい記事でしか取り上げられない。

実際、ボクサー袴田のことを書くにあたり袴田の試合運びや闘い方などを知るために、できる限りの探索をしたが、ついぞ見つけることができなかった。ボクサー袴田がどんなボクサーだったかについて知るべくもない有様なのだ。リング上の写真すらほとんどない。

そんな中で寺山修司による袴田の記述は貴重極まりないものなのである。


〈どちらかというと打たれ強いボクサーで〉


という表記がある。

この一文だけでも袴田のスタイルが見えてくるというものだ。

打たれ強い——。

なるほどその後の袴田を見るとき、これはとても納得ができる。相手のパンチを一身に受ける。何発も受ける。それでも袴田は倒れない。打たれても相手に向かっていく。

こういうスタイルなのだ。

袴田のこうした精神力はどうやって培《つちか》われたのだろう。

寺山修司は袴田の不撓不屈《ふとうふくつ》の精神力に舌を巻いている。

〈大真拳（大阪）の藤田征樹も、「打たれても打たれても出てくるので、とうとう打ち

くたびれてしまった」のであった。〉

これはすさまじい。袴田のファイトぶりが目に見えてくるようではないか。ボクサー袴田の真骨頂といったところであろう。この対戦相手藤田の袴田に対する率直な感想を寺山修司は直ちに引用しているくらいだ。

今のように試合が録画されることなどない時代である。こういう表記からでしかボクサー袴田のリアリティーあるファイトを知るすべはない。それでも十分、袴田の迫力は伝わってくる。

「こわかったのだろう」孤高のボクサーへの憐憫《れんびん》

寺山修司は袴田の事件についても触れている。

〈その袴田が引退して五年後、突然、新聞の社会面に大きくのったのである。

「従業員袴田、逮捕へ」

という見出しで

「清水の一家四人殺人放火」

という小見出しがついていた。

「静岡県清水市のミソ、しょう油製造業『橋本藤作商店』専務橋本藤雄さん（四二）一家四人の強盗殺人放火事件を捜査中の清水署捜査本部は、事件発生以来五十日目の十八日、午前六時三十分に同商店住込従業員の袴田巌（三〇）の任意同行を求め、同七時から清水署の取調室で調べを始めた」（読売新聞　昭和四十一年八月十八日付夕刊）

私はびっくりしてしまった。

「あの袴田が、まさか」

と思った。

同姓同名かも知れない、と思ったからである。だが、記事には「袴田は昭和三十二年の静岡国体のさい、ボクシングの県代表として出場し、その後プロに転向し、全日本バンタム級六位までランクされたが、頭を痛めて（傍点著者）やめている」

とあった。

「頭を痛めて」という五文字、なぜか私の心に残った。「一年に十七試合も戦った男、ハードスケジュールと肉体の酷使。そして引退。

ハングリー・スポーツの選手の落ちていくさまは、いつもこんな風にみじめなのだろうか」と。〉

これは事件発生、袴田の逮捕となったその時の感想だけに、寺山修司は、袴田が半世紀以上経過したあと、冤罪《えんざい》が晴らされることになるとは夢にも思っていない。それゆえにこのような文章となった。それはやむを得ないことだ。

ただ、寺山は、その後、袴田が犯行を否認し続けたことを知る。知ったあとの寺山の文章には変化が出てくる。


〈事件は、「四人の刺し傷が、合わせて四十九か所もあり、そのうえ放火しているところから、残忍無比」と言われた。しかし、私は、「こわかったのだろう」と思った。「リングで、一度もKOしたことのなかった男が、娑婆で人まで殺すとはなあ」と、スシ屋の政もため息をついたが、よほど袴田は生活に追いつめられていたのだろうと思われた。

はじめは、ただのミソ泥棒である。自分の店のミソを持ち出して売ろうとし、パジャマの上に工場の雨ガッパを着て裏木戸から入ると、体格のいい藤雄さんにつかまってしまった。

そこで格闘になり、夢中で小竹で刺したが、「刺しても刺しても向かってくるので、こわくなった」。あとは夢中で目をさました妻ちえ子さんから長男、次女と刺し、予想もしなかった犯行に途方にくれて、焼いてしまえばあとが残らないと考えて、一人一人の死体に油をかけて、マッチで火をつけた。

裏木戸から逃げ、風呂場にかくれて火事を見ていたら、われにかえり、とび出していって消火を手伝った。

というのが記事だが、それが本当かどうかは私には知るよしもない。袴田は三十回にわたる公判で犯行を否認し続け、否認のままで死刑判決（四十三年九月十一日）という記事が最後の消息なのであった。

家も貧しく親に力もなく、たった一人で成功しようと思ってボクサーになり、少しばかりの金のために「頭を痛める」まで、試合を続けた一人の男の生涯としては、あまりにも暗い……。〉

寺山修司は、昭和58年（1983）5月に47歳で死去している。寺山が生きていたらそのあとも袴田のよき理解者であったに違いないが、残念ながらその死去は早すぎた。

袴田巌の死刑確定が昭和55年（1980）12月、再審開始が決定したのが平成26年（2014）3月。そこで袴田は47年7か月ぶりで釈放となり、娑婆《しゃば》に戻るわけだが、草葉《くさば》の陰《かげ》の寺山はそんな経緯などそれこそ知るよしもない。

ただ、おそらく寺山は信じていたのだ。否認し続けている袴田が決して犯人でないことを。

それは袴田が寺山好みの真のボクサーだったからだ。寺山はボクサー袴田を描く最後をこう記している。

〈袴田は十連勝のグローブをあげて、花束を受け取っていたのだった。〉

袴田が犯人と思っていたら、こうは結ばないであろう。寺山はボクサーに対して特別なシンパシーを持っていた。とりわけ袴田のような孤高のボクサーに対しては。

その証左。

寺山修司が監督した『ボクサー』という映画がある。昭和52年（1977）の東映作品。後にも先にも寺山修司が大手映画会社の商業作品のメガホンをとったのはこれ一本きりである。この映画は、日本版『ロッキー』と言われたものだが、興行的には成功したわけではない。寺山独特のシュールなシーンはラストに出てくる波濤《はとう》洗う防波堤に据《す》えられた電話ボックスくらいなものである。

ただ、寺山修司のボクサーに対するいとおしさというべきか憐憫というような思いは感じられた。この映画は昭和52年に創られている。その時の袴田は、東京高裁で控訴が棄却されて1年。もう誰もが袴田の死刑を疑わなくなっていた頃である。寺山修司にしてもそんな一人だったのかもしれない。もしかすると袴田に対して感じたような憐れみをこの映画のキャストの誰かに重ねたかもしれない。寺山修司監督の『ボクサー』はとにかくそんな映画で、さらにここで引用した『スポーツ版裏町人生』が重なり合ってくる。

ボクサー袴田を知っていくプロセスで寺山修司の『スポーツ版裏町人生』と『ボクサー』、この二つのアイテムは不可欠である。

ボクシング評論家郡司信夫に宛てた手紙

寺山修司とともにボクサー袴田巌の生の姿を知っている人物がいた。ボクシング評論家、郡司信夫氏である。

獄中の袴田は郡司に自分の無実を訴える書簡を送っていた。それはまさしく愁訴《しゅうそ》そのものといっていい。

袴田の真の思いをボクシング関係者に送っていたというのはとても興味深い。心からの思いというものをボクシングに関わっている人間に縷々《るる》記して送ったということはとりもなおさず袴田の根幹がボクサーであったことを示唆《しさ》している。

袴田からの魂の叫びというものに対して郡司はまるで二人三脚のトレーナーのように応えている。

袴田が郡司に送った書簡は昭和55年（1980）『ボクシング・マガジン』（ベースボール・マガジン社）1月号に公開された。ここには袴田の思いが一気に噴き出ている。ボクサー袴田をこの書簡は証明している。

ボクシングに精通する郡司ならば判ってくれる、いや、郡司にしかわからないことだ、との思いがそのまま出ている。

郡司信夫先生。

今般、唐突にお手紙を差し上げます失礼、どうかお許しください。

善良な民衆が何気なく生活しているこの日本に、無実の罪を受けて苦しみ、自由も人権も奪われてしまったという元ボクサーがおります。警察・検察側はこの事件で、被害者の一人が柔道二段で、巨漢であったということから、犯人は腕に自信がある者という、予断と偏見を持ちました。

そして、悪辣《あくらつ》な偽証を唯一の武器に、その男を強引に逮捕し、ついには捜査陣が想定した架空のストーリーをもって自白調書などと言いくるめ、起訴したのであります。このような恐るべきデッチあげは法の下で訂されなければなりません。

前記のその男とは、二十年程前に郡司先生の目の前で、プロボクサーとして、拙い試合をしかし一生懸命に十数回お見せしたことのある袴田巖です。

あるいは、ひょっとして小生を思い出していただけたかもしれません。今、私は先生に真実を訴えたくてこの手紙を認めております。

小生は現在、濡れ衣を着せられて東京拘置所に捕らえられております。一、二審において、満くうの怒りをこめて権力犯罪を糾弾すると共に、一応の真実……正真正銘「小生は無実である」ことを訴えてきました。それは文字通り小生の血叫びでありました。しかし、この真実である血叫びが過去十三年余にわたり未だに容れられません。この司法の無責任さに、小生怒りで肌があわだつ思いです。

いま、最高裁決戦に突入していますが、小生が（殺人事件の）真犯人ではあり得ないという厳然たる物的証拠が存在しているにもかかわらず、裁判官等は正義を忘却しています。なんとも悲しいことです。

高裁は棄却判決で、露骨に独断に過ぎない不当を晒しました。以下、端的に問題を記します。

〜中略（※この部分は事件の詳細部分なのであえて省略する）〜

嘘を教えるはずのない物証（しかも検察側が提出した）が示す通り小生が犯人でないことは、何人にも断定できるところです。

この裁判を確実に勝利させることが、引いてはすべての人達の人権を守ることにつながりましょう。そのためには、先ず、デッチ上げ事件の真相を知る必要があります。どうか、裁判において真実が勝利できますように、郡司先生のお力をお貸しください。

袴田の切実な思いはあたかも放たれた矢のごとくまっすぐに郡司に飛んでいる。袴田は書簡の冒頭でも自ら書いているように、この切なる思いをボクシング関係者に伝えたかったのだ。ボクシング関係者しか自分の思いを汲み取ってくれることはできないと思っていたのだ。

それはいみじくも袴田自身がボクサーだからである。ボクサーにしかわからない、あの辛酸を知る者にしか、今の自分を理解できないと固く信じていたのだ。この文面はまさにボクサー袴田のマントルから迸《ほとばし》った〝阿鼻叫喚《あびきょうかん》〟なのである。

郡司信夫からの返信

郡司の返信は1980年の『ボクシング・マガジン』3月号に掲載されている。

それは、ボクサー袴田を知る郡司だからこそ書ける文章としか言いようがないものだ。

袴田君、お手紙拝見しました。本当にびっくりしました。今頃あなたからお手紙を頂こうとは夢にも思っていなかったからです。

こんな書き出しから始まる郡司の返信は終始、ボクサー袴田へのシンパシーとリスペクトが溢《あふ》れている。ボクシング関係者同志にしか分かち合えないエッセンスに満ちている。

この書簡、冒頭からしてそうなのである。

書簡はまず事件のことから入っている。当然であろう。無実を訴える袴田に対しての返信なのだ。

もちろん、あなたの事件は当時の新聞紙上で知っていました。4人も殺したうえ放火まで行ったという事件です。その後、犯人が、プロボクサー上がりの袴田君だという記事になったのですが、私どもは信じられませんでした。ボクサー時代からのあな

たの行動や人格を知っていたからです。（注　傍点筆者）
　事件との関係はよくわかりませんでしたが、私は直感で「袴田君はそんな犯罪は犯してはいない」こう信じていたし、何かの集まりで袴田君の話が出ても「袴田君は犯人じゃないよ」という話ばかりでした。
　とはいっても、袴田君の真犯人ではないという根拠を調べることはできませんでした。検察側や裁判所が無茶な判決をするはずはないと無理に信じて、もう事件は終わってしまったものと思い込んでいました。

おそらく巷間《こうかん》の人々はみな同じ気持ちを抱いていたに違いない。どんなに衝撃的な事件が起きようともやがて忘却の彼方にその事件を置いていく。日々の日常があまりにも忙しいからだ。人々はその日だけでもそこにとどまっていることはできない。郡司と同じように〝事件は終わってしまった〟と感じるのだ。
そんな時でも袴田はひとり獄中で闘っていた。リング上のボクサーのように。

　それから13年もたってしまったのですね。冷たいコンクリートの壁の中で、あなたが今でも無実を訴えて戦っているのを手紙で知りました。


これだ。

ボクシングに携《たずさ》わった者しかきっと共有できない一人きりの戦い。郡司はすぐに気づいたのだ。塀の中という〝リング〟で闘い続ける一人のボクサー袴田を。

強い信念がなければ続けられない戦い。それができるのは真のボクサーだけなのだ。

続くくだりは圧巻である。


先日お手紙を頂いてから、高杉晋吾氏（※ジャーナリスト）と本誌（※ボクシング・マガジン）の松永喜久女史の3人で小菅の刑務所へお訪ねしましたね。その時、14年も刑務所の中で死と対面しながら戦っていたので、うんと消耗して憔悴した姿で我々の前に現れるだろうと思っていました。しかし、金網の前に座って、向かい合ったあなたの顔は色こそ白くなっているが、明るく輝いているようでした。そして、しっかりした口調で、自分の無実を訴えてくれましたね。

あの明るさは、あなたの無実を十分物語っているのではないかと思いました。

そのとき郡司が見た袴田は、間違いなくボクサー袴田だった。14年もの間、厚い壁の中でひとり闘ってきたボクサー。ボクサーは闘う人である。その時の袴田の顔には14年間も闘い続けたボクサーの満足がそっくり出ていたのだ。

その顔は輝いていた。

この書簡のやりとりは、袴田が上告も棄却となり、死刑が確定した頃である。袴田にとって文字通り絶望のどん底にいた時期のはずだが、ここに書かれている袴田には微塵《みじん》もそんな影は見いだせない。

絶望の泥濘《でぃねい》に喘《あえ》いでいる男に、明るく輝いた顔だの、しっかりした口調だのができるのだろうか。

その答えは、袴田が真のボクサーだったらできたのだ、としか言いようがない。そのほかにどのような解があるだろうか?

郡司は闘い尽くしたボクサーだけが見せる輝く顔を知っていた。だから郡司はその時、袴田の無罪を確信したのだ。

袴田が刑務所内でもボクサーであり続けた証左を郡司の書簡には書き留められている。

面会したときあなたは、刑務所の中で同じ囚人たちにボクシングを教えたという話をしましたね。あなたが、あまり明るかったので、刑務所でボクシングを覚えて、のちに世界チャンピオンになったロッキーグラジアンやソニーリストンなどのことを思い出していました。日本ではそんなことは実現しないでしょうが。

袴田は、刑務所内で囚人たちにボクシングを教えていたのだ。どのように教えていたのだろうか? それは今となっては想像するだけにとどまるのだが。輝く顔でボクシングを教える袴田。これはボクサー袴田のまぎれもない正体である。

（座談会などで）あなたの話が出ると「何とか袴田さんのお役に立ちたい」という人たちが出てきます。そして、あなたが年間19試合に出場した話や勝又行雄君や福地竜吉君などとマニラに遠征したときのことなどが、それらの人たちの間でよく噂にのぼるようになりました。

袴田は、昭和36年（1961）4月に、マニラに遠征している。マーシング・デビッドという現地の有名ボクサーと対戦している。この試合、袴田は残念ながら負けた。それは袴田がボクサーとして、それこそ光り輝いている頃である。その時の袴田は秘蔵の写真を見ると確かに人生の自信に満ち溢れている。寺山修司も書いていたように、確かにそのころ袴田は、「あしたのジョー」だったのだ。

袴田の取材を続けている最中、袴田のマニラ遠征のことでこんな話を聞いた。袴田がまだ静岡県警清水署で峻烈《しゅんれつ》な取り調べを受けていた時である。

ある刑事が新聞記者にこう言ったという。

「袴田ってえのは、ほんと嘘つきだよ。あいつ、ボクシングでフィリピンに行ったっていうんら。そう、（ボクシングの）試合をしに行ったたってね。そんなことあるもんか、って言って頭小突いても、絶対に行ったたってゆずらねえら。嘘つきだろ？　やっぱ、ホシは袴田だよ。こんな分かり切った嘘だって平気で言うんだからな。ホシは袴田だよ」

袴田がマニラ遠征してからまだ5年しか経っていないのに刑事がこんなことを言い放つとは、驚きでしかない。

まるで電話機もないような前時代の話としか聞こえないが、驚いたことにこれが説得力ある刑事の打ち明け話と捉《とら》えられ、流布される。恐ろしい話である。

昭和36年(1961)4月11日、マニラに遠征。タラップの下からマニラのプロモーター、ザクレ氏、フィリピンの選手と東洋タイトルマッチを懸けて闘う勝又行雄。一人おいて袴田巌。いくぶん緊張した面持ちで降り立った。

郡司の書簡はこう結ばれている。

また、あなたからの手紙をうちの女房に読ませました。女房は涙をぽろぽろとこぼしてこの判決に抗議しました。そして「袴田さんの無罪に役立つなら署名運動でもおこるなら、私はそのために街中をかけめぐります」ともうしています。

袴田君、元気を出して下さい。そして、無実の判決を勝ち取りましょう。

郡司夫妻は45年あまり前にすでに袴田の無実を固く信じていた。

そしてその思いは、半世紀の時を経て現実のものとなった。ただ、郡司は袴田の無罪確定を見ぬままに平成11年（１９９９）10月に他界している。

ボクサー袴田を知るうえで、寺山修司と郡司信夫の書籍並びに書簡はそれ以上のものはないと言い切れるくらいの重要な資料である。

そうか、これがボクサー袴田の正体だったのか。腑《ふ》に落ちるというのはこのことである。ただ、このふたりは２０２４年に確定した冤罪を知ることなしに黄泉《よみ》の国に先に行ってしまった。

第2章 BOXER《ボクサー》

白井義男が世界チャンピオンになった。袴田はボクシングを始める

ボクサー袴田は中学卒業後、始まった。

静岡県浜名郡雄踏町（現・浜松市西区）で出生した袴田は地元の中学を卒業するとともにボクシングにのめりこんでいく。

そのきっかけが何だったのか、今となってはハッキリとはわからない。

寺山修司から袴田は「あしたのジョー」などと言われはしたが、袴田が中学を卒業した頃、『あしたのジョー』は存在していない。

『あしたのジョー』が週刊少年マガジン（講談社）で始まったのが昭和42年（1967）、その2年後の昭和44年（1969）にテレビアニメが始まっている。『あしたのジョー』は、袴田のボクシング開始の動機にはまったくなり得ない。

袴田がボクシングを始めた時、我が国ボクシング界の最大のアイドル『あしたの

中学を卒業して就職。仕事を終えたあと、地元浜松のアマチュアのボクシングジムに通い始めた。ガッチリとした下半身の筋力がすばらしい。

ジョー』はまだこの世に誕生していなかった。

するとと袴田にボクシングを始めさせるモチベーションは何だったのだろう？

中学の同級生にボクシングをやっていた者がいたのだろうか。あるいは家族か。

一番身近なところの家族にはボクシングを求めることはどうもできそうもない。袴田は大勢の兄弟姉妹の一番末っ子だが、父親も含め兄弟にボクシング関係者はいない。家の子郎党《ろうとう》全員、それどころではない時代を懸命にかい潜《くぐ》っている真っ最中なのだ。誰もボクシングどころではない。これは同級生とて同じであろう。

友達や家族にはボクシングを始めるきっかけを見いだせそうもない。

袴田巌は昭和11年（1936）3月の生まれだから中学を卒業したのは昭和26年（1951）である。

なにが袴田にボクシングを取り憑《つ》かせたのか。発想の転換が必要なようだ。

日本のボクシング界は終戦後、短期間で一気にピークに駆け上っていく。

その立役者というのは幾人《いくにん》もいるが、その一人は袴田に激励の書簡を送った郡司信夫である。

郡司はボクシング専門誌『ボクシング・ガゼット』（ガゼット出版社）編集長で、我が国にボクシングを敷衍《ふえん》させるために奔走《ほんそう》した。

終戦1年後に郡司の提案で日本拳闘株式会社（日拳）が設立された。会社設立と同時に開設された銀座木挽町（今の東銀座）の〝日拳ホール〟は、日本ボクシング界のメッカとなった。


そして、1950年代に入るとボクシングへの国民的関心は沸騰した。

その最大の功労者は、日本初の世界チャンピオンになった白井義男である。

日本ボクシング界に燦然《さんぜん》と輝く白井義男の名を知らない日本人はいない、という時代である。

白井が世界チャンピオンとなったのは、昭和27年（1952）5月である。日本中がボクシング熱気に沸いた。

その時、袴田は中学を卒業して働いていた。白井がチャンピオンになったことも日本中がボクシング熱にほだされていることも知らないはずはない。白井の後を、金子繁治《しげじ》、三迫《みさこ》仁志、秋山政司《まさし》が頭角を現し、矢尾板貞雄が白井に続く世界タイトルマッチに臨んだ昭和34年（1959）、相手はパスカル・ペレス。矢尾板は敗れた。この時のテレビ中継は非公式ながら、92・3％をたたきだしたという。

袴田はこんな光景をテレビの画面やボクシング専門誌の写真やラジオ中継をきっと身じろぎもせずに見て聴いていたに違いない。

白井か秋山かはわからないが（※矢尾板は少々年代がずれてしまう）、袴田少年の琴《きん》線《せん》に強く触れるものがあったのだろう。袴田少年は身近な人間の誰でもなくプロボクサーの世界的な活躍に触発されたのに違いない。

有職少年だった袴田はその時すでにプロボクサーになることを決めていたと想像される。

袴田は、昼は自動車工場で働きながら、夜は浜松市内のボディビルジムでボクシングを始めた。

いよいよボクサー袴田はスタートラインに立ったのだ。

昼の仕事を持ちながら夜はジムに通う、言うは易し、だが、これはなかなかできることではない。しかし袴田は欲も得もなくがむしゃらにボクシングに打ち込んだのだ。

袴田は、自動車工場とジムという二重生活にその身を没入させるのだ。

袴田は、そこでメキメキと力をつけ静岡県屈指の若手アマチュアボクサーにのし上がっていく。

そして中学卒業の6年後、袴田は開花する。

元々袴田の持っていたポテンシャルが手厚かったのであろう。それに毎日の努力が重なってボクサー袴田を作り上げていったのだ。

ティーンエイジャー袴田はプロボクサー目指して毎日毎日トレーニングに勤《いそ》しむ。まさしく青春ど真ん中なのだ。袴田の青春にはボクシングのトレーニングがその中心にあった。

アマチュア時代のピークが、昭和32年（1957）にやってきた。袴田21歳の時である。静岡国体に成年バンタム級静岡代表に選出されたのだ。

地元浜松の市営プール駐車場に国体ボクシング会場の特設リングが組まれた。

この特設リングのことをかすかに覚えている人がいる。都内新橋に事務所を開いているある行政書士である。この人は浜松出身である。今でも実家は浜松にあるという。

「あの時（静岡国体）のボクシングのリングはね、市民プールの中に設営したんだよ。プールの底さ。だからプールサイドはそのまんま観客席だ。だからね、リングは一段低いところにあるんだ。わたしゃあね、子供だったけどそれを観に行ったら（観に行った）。けどね、子供だったから出入り自由だよ。それが袴田さんの試合だったかどうかは全然覚えちゃいないけどなあ」

残念ながら袴田の試合の実況は伝えられないが、なんとなく当時のボクシングの試合がどのようなものだったかというのは伝わってくる。市民プールの水を抜いてそこにリングをこしらえた。当然、天井などない。当時のボクシングはプロの試合でもなんでも青天井だったのだ。風が吹けば、その風を浴びながら選手はボクシングをした。

姉の袴田秀子はボクサー袴田の実戦をその場で見て応援している。ボクシング会場と袴田の実家は指呼《しこ》の距離にあったのだ。かわいい弟の晴れの舞台を観に行かないわけはない。

その時、秀子は、袴田にひたすら、「前へ出ろ！　前へ出ろ！」と叫び倒したという。袴田の耳にその声は間違いなく届いていたはずだ。

もしかするとその後の袴田のボクシングスタイルもその時の秀子の声援が形作ったのかもしれない。

その時の写真を見ると袴田は東京の選手と闘っている。この試合の結果はわからない。

昭和32年（1957）静岡国体。静岡県ボクシングバンダム級代表に選ばれた。写真の左が袴田。対戦相手は東京代表の選手で激しい打ち合いを演じた。袴田は右をガードしてフックを狙った。

それにしても国体の選手に選ばれたというのは大変なことである。

パンチの出し方だってわからない少年が6年間で静岡県代表選手として国体に出るというのは袴田にたいへんな素養があったと見なさなければならない。これが高校や大学の拳闘部というのならわからなくはないが、袴田はボクシングだけをやっていたわけではないのである。きちんと生業《なりわい》を持っていてそのかたわらボクシングをやっていたのだ。袴田の国体出場はあまり知られていることではないらしく、例えば現在の静岡県ボクシング協会の会長は知らなかった。

そればかりか同協会には、その当時の資料もなかった。

国体の結果がわからないのはそのためでもある。半世紀以上も昔のこととはいえ、資料の散逸は早い。また同時に、語り部も減っていることは確かだ。これもやむを得ないことなのかもしれない。

ただ、6年で国体県代表になったボクサー袴田の圧倒的なポテンシャルに驚かされるだけだ。

国体出場後、袴田は静岡県内の若手有力ボクサーとして注目される。そして、県内屈指のジムから声がかかる。

静岡県代表に選ばれたことによって、将来の夢を「プロボクサーになること」と固めていった。写真後列右の賞状を手にしているのが、袴田巖だ。

そのジムは、浜松から60キロ隔てた清水市（※現静岡市清水区）にある串田ジムである。

串田ジム入門、素質を認められプロを目指す

国体出場後、袴田はいよいよプロへの道を歩むために静岡県屈指のボクシングジム、清水市にあった、串田ジムの門戸をたたく。

串田ジム、これこそ、ボクサー袴田の生みの親と言っていい。

ボクサー袴田、ここに誕生す、という碑を置くならそれは、串田ジムの一隅であろう。

プロを目指すならば静岡県内では串田ジムしかなかったと思われる。県内では唯一無比のボクシングジムだった。

串田昇率いる串田ジムは静岡県内の名うてのアマチュアボクサーが集まっていた。

ジムの経営者串田昇は静岡県のボクシング界ではその名を知らぬ者はいない。当時も今も、である。

満州は奉天出身の串田は、まだ戦時中である昭和17年（1942）、19歳の時に岡本

不二が設立した不二拳（※このジムについてはのちほど描く。なにしろ袴田がプロでいた時に所属していたジムなのだ）に入門した。ボクサーとしての才覚もあったのだろう、ジム入門の年にプロデビューした。ジム入門直ぐにプロというのはいかにも早いが、戦中のなんというべきか、どさくさというものもあったに違いない。なんといってもこの年は太平洋戦争はもう始まっていたのだ。真珠湾だミッドウェイだと海の向こうといえどもなにかと喧《かまびす》しい時である。そんなご時勢にボクシングというのはどうであろうか。きちんとした試合は行われていたのであろうか？

ボクシングは「拳闘」と言っていただろうが、グローブだのマウスピース、トランクスやヘッドギアなんかは何と言っていたのであろうか？　ゴングはきっと鐘だろうが、それにしても何とも拍子抜けの響きである。

そんな時に不二拳に入門した串田は、すぐにプロに転向した。プロボクサーとして串田は破竹の勢いの戦績を残した。

デビュー後なんと9連勝を飾っている。太平洋戦争真っ只中だが、この戦績はスゴい、というしかない。このとき串田は19歳だった。いささか意地悪な見方をすれば、主な対戦相手はことごとく戦争に取られていたのかもしれない。串田自身は徴兵されていないようだ。

串田についてもうひとつ欠かせない実績がある。

終戦後、１年と半年（昭和21年　１９４６　12月）のことである。

串田は白井義男と対戦した。

結果は、５回ＴＫＯで串田が勝ったのだ。白井が世界チャンピオンになるのはのちのことだが、それにしても我が国最初の世界チャンピオンに勝っているのである。これはまさしく特筆すべきことであろう。

その後、白井とは昭和25年（１９５０）にリターン・マッチのような形で対戦したが、この時は串田は判定負けとなった。

串田のプロの戦績は、１０４試合61勝24敗18引き分けである。

昭和28年（１９５３）に清水市にボクシングジムを開設。そこにプロを目指してアマチュアの袴田は入門したのである。

串田ジムに入門したことが、ボクサー袴田の命運と決した。

白井―串田―袴田のつながりが、ボクサー袴田のいわば根幹と言ってもいいだろう。この連係《れんけい》なくして、生涯ブルファイター、ボクサー袴田はあり得ない。

アマチュア時代の袴田は希望の塊《かたまり》そのものだった。

「早く実戦に出たい」

袴田はいつだってこう思っていた。

「ボクシングでチャンピオンになって、俺が家族を養う」

こうも思っていた。思いながらジムにぶら下がるサンドバッグにスピードを上げて拳を打ち当てていた。

袴田は決して練習をおろそかにしなかった。死力を絞り尽くして練習に臨む。スパーリングにしても無駄なパンチは一発もない。

串田ジムには、ボクサー袴田にとって絶大な影響を与えた〝先輩〟がいた。

フェザー級東洋チャンピオンにもなった勝又行雄である。

同僚ではあるが、勝又の方が年上で、ボクシングの経験もアマチュア時代からと長く、文字どおり袴田の〝兄貴分〟だった。

勝又は、昭和９年（１９３４）８月７日熊本県菊池郡で生まれた。

袴田の2歳年上である。

父親より上の代は元来、静岡（駿州）の出だが（※勝又という姓は静岡に多い。逆に熊本にはほとんどいない）、父親が軍人で熊本の連隊にいた時に勝又はこの世に生を受ける。故に熊本出身なのだ。

終戦を迎え、勝又は昭和25年（1950）に創設された自衛隊の前身である警察予備隊に入り、そこでボクシングを体得する。

勝又のボクシングを知っている者はしばしば、自衛隊仕込み、というような表現をするが、それはこの警察予備隊での体得のことを指しているようだ。その後、勝又は一家で勝又家の故郷、静岡に戻る。

そして、昭和31年（1956）、清水市にあった串田ジムに入門する。

勝又は「フックの名手」と言われハードパンチャーとして名を馳せた。昭和36年（1961）に東洋ジュニアライト級（スーパーフェザー級）チャンピオンになった。その後、伝説といわれる試合を何度かして、昭和39年（1964）に引退する。

生涯全戦績は、75試合54勝（26ＫＯ）17敗4分。

袴田のプロボクサーの経歴は、ほぼ勝又に並走している。

マニラ遠征の朝のロードワークを終えたあとのスリーショット。袴田はメインイベントの勝又行雄（中央）のタイトルマッチの前、セミ・ファイナルの試合で登場した。

ボクサー袴田は基本、つるまない。一人でいることが多い。ジムでの練習でも一人黙々と勤《いそ》しむ。元来無口なのだ。

ところが勝又との関係はそれとはやや違っていたようだ。年齢も近く、串田ジム時代からともにボクシングに打ち込んできたからであろうか。

勝又は串田ジムから不二拳に移籍しているが、この時、袴田も一緒なのである。串田ジムを主宰していた串田昇は主にアマチュアをあずかっていたが、門下生が実力をつけてプロになれそうだと判断すると惜しげもなく在京のジムに送り出していた。通常ならば自分のところで優秀なボクサーに育ってきたとなるとジム主宰者はあらゆる手を使って囲い込む。絶対、といっていいほど手放すようなことはしない。金の卵を産む鶏をつぶしてしまうようなジムのオーナーなどいるわけはない。

ところが串田は一風変わっていた。成長著《いちじる》しい（これも自ら育てたわけだが）若きボクサーを次々と知り合いのジムに放り込んでしまっていた。

「よくここまでになったな、お前、もうこんな田舎にいちゃダメだ。東京行け。わしが知っているジムがある。そこに行け。行ってプロになれ。チャンピオンになって静岡で試合をするんだ」

串田の懐《ふところ》の広さが、袴田と勝又に不二拳の門をくぐらせることになる。

串田ジムから不二拳へ、念願のプロデビュー

袴田も勝又もこういわれて串田ジムを後にして不二拳に入門し本格的にプロを目指すことになった。

そして袴田は不二拳でプロになった。

国体出場、串田ジム入門、その2年後の昭和34年（1959）不二拳入門。

袴田、23歳の時のことだ。

不二拳は、岡本不二という人が率いていたボクシングジムである。その歴史は古い。岡本が「不二拳闘クラブ」（のちの不二拳）を立ち上げたのが昭和9年（1934）である。昭和9年といえば、満州国で帝政が実施され、愛新覚羅溥儀《あいしんかくらふぎ》が同国の皇帝となった年である。映画『ラスト・エンペラー』（ベルナルド・ベルトリッチ監督）であ

る。

そんな年に岡本不二はボクシングジムを開設した。その時、岡本はピストン堀口という我が国ボクシング界の最初のスーパースターを引き連れていた。

ピストン堀口、往年のボクシングファンならば知らぬ人はいないはずだ。

まずは、岡本不二のことを知らねばなるまい。

岡本不二は明治38年（１９０５）名古屋生まれだが、その後入ったのは東洋商業学校（現東洋高校）という東京の学校である。この学校を卒業してボクシングを志す。

この人が何をきっかけにボクシングを志したのかは今となってはまるきりわからない。バイオグラフィーもない。学校を卒業して、端から見ると唐突とも思えるようにボクシングに身を投じる。なんとなく袴田を想起させる。袴田は、串田ジムに入ったが、岡本は、渡辺勇次郎という人が主宰していた日本拳闘倶楽部の門を叩き、入門する。

この渡辺勇次郎という人は、「日本ボクシングの父」と言われている。いわば日本ボクシング界の始祖《しそ》である。

岡本は、この渡辺のもとでボクシングを始めた。袴田が串田のもとでボクシングのイロハから始めたように。大げさに言えば歴史は繰り返すである。

岡本は入門後ほどなくして１９２４年日本拳闘倶楽部主催のフライ級タイトル決定戦に勝利し、フライ級チャンピオンとなった。

このタイトルマッチは想像するに極地的なものであっただろう。チャンピオンになったといえども巷間ではほぼ誰も知ってはいなかったのではないだろうか。ちなみにだが、この時代のアマチュアボクシング選手権大会なぞは靖国神社相撲場で開かれていたというのだ。そう聞くと申し訳ないが、なんだか町内相撲大会といった趣《おもむき》である。ちゃんとしたリングすらあったのか疑問に思われる。

しかし、岡本は日本ボクシング界に名前を残しているだけに、いつまでも町内相撲大会的な存在にとどまらなかった。

昭和３年（１９２８）、岡本はアムステルダムオリンピックに出場するのだ。驚くべき飛躍としか言いようがない。もっとも、この時代、メディアなどほとんどないに等しいと思われる。岡本の五輪出場をどれほどの日本人が知っていたかは不明だが。

五輪に出場した岡本は初戦にあたる2回戦で負けている。

岡本不二はいったい、どのようなボクシングスタイルの選手だったのだろうか、など興味は尽きないが、残念ながらビジュアルや資料はない。想像するしかないのだ。

ボクシングを始めて数年の雌伏《しふく》の時期を経て突如として大舞台に飛び出すというパターン。まさしく袴田と同じではないか。ここにも両者の共通点が見いだされる。まるで相似である。

岡本はそのあと渡辺勇次郎の日本拳闘倶楽部では師範になって後塵《こうじん》の育成に就く。そこで育てたのがピストン堀口である。確かにピストン堀口を育てたのは岡本だった。岡本はそのことだけでもボクシング界にその名を残すに十分である。

どういういきさつがあったのかは定かではないが、その後、昭和9年（1934）岡本は堀口を連れ、渡辺のもとを独立という名目で去る。そして、不二拳闘クラブという名前のボクシングジムを発足させた。いうまでもなくのちの不二拳のことである。

「あいつは試合を断らない。それが災いした」

不二拳の元トレーナー、有田照光を訪ねた。今となっては、不二拳唯一の語り部である。

東京世田谷成城でテント製造会社を営んでいる96歳の有田。

岡本不二は当然として、勝又や串田のことはきちんと記憶に刻まれていた。

そして、袴田のことも。

有田もまたプロボクサーだった。有田が現役時代は昭和26年（１９５１）から昭和29年である。

無冠に終わったが、25戦15勝（４ＫＯ）7敗3分の戦績で日本フライ級1位にまでなった。戦績を見ると金子勝（オールジム）や長谷川正之（東拳ジム）といった多少有名だった選手などと試合をして勝利を収めている。

有田は岡本不二率いる不二拳にいたわけだが、この戦績を見るに同ジムでも有望な選手だったに違いない。

驚いたことに有田は獄中の袴田を訪ねて行ったことがあるという。それがいつのことだったのかは本人の記憶からは正確に引き出せなかった。

「袴田はとにかく倒れなかったよ。打たれても打たれてもダウンしないんだ。その精神力には感心したね。一度もＫＯされたことがない。ディフェンスもとても良かったんだ」

袴田のボクサーとしての素養をそんなふうに話した。

「ここ（と言って自分の顎を指す）を速いパンチでね、こうね、パンパン！　ってね打っちまえば、誰しもがすぐダウンするんだ」

そう言って有田は、その時ばかりは見事なパンチを繰り出す。ワンツー、パンパン！

「これでね、すぐダウンさ」

もう一回、ワンツー、パンパン！

有田はこたつに足を突っ込み、タンスに背をもたせ掛け、時には細君が入れた茶をすすりながら、これらを同時にしながら取材に応えた。

ことあるたびに必ず入るのが、ワンツー、パンパン！　である。有田はもちろんそのたびに腕を振る。シャドーボクシングである。90も後半なのにそれは素人目に見ても速く、格好がいい。有田が生半可なボクサーではなかったことをその腕の振りは証明している。

「袴田はね、私が練習つけていたよ。打たれ強い奴だったなあ。一生懸命練習してさ。あいつはずいぶんと試合に出たよね？　しょっちゅう試合に出ていた。いつだって（試合に）出る、っていうんだ。あいつは（試合を）断らないいんだ。本当にボクシングが好きでたまらなかったんだ」

ブルファイター袴田の面目躍如である。

不二拳のトレーナー有田が言うのだからこれは間違いないだろう。

袴田が持つ前人未到の年間19試合出場は今もって袴田が持つ金色《こんじき》のレコードである。これは現在まで破られていない。

袴田はこの尋常ならざるレコードをプロ2年目で成し遂げた。

有田が言う、〝あいつ（袴田）は（試合出場を）断んねえんだ〟というのはこのことなのだ。有田は続けた。

「できねえ、からだが戻っちゃいねえ、（前の試合の）後遺症（の治癒が）がまだ完全じゃねえ、と次の試合出場を断る理由はいくらでもある。ボクサーだってプロといえども怖いのだ。真剣勝負の殴り合い。これが怖くないわけはないよ」

元ボクサーからも、こんな話を聞いた。

「打ち合いの激しい試合をやると、（試合が終わって）2、3日は全然頭が働かない。ボーっとしているね。会話だって、ぜんぜん、だよ。頭打たれているからね、グワーンとね。どうしてもそんな形で出てきちゃうよね。本人はいつも通りに頭も体も動いていると思っているんだけどさ、実はそうじゃないんだ。動きは緩慢、記憶だって怪しいもんだ」

プロアマ問わずボクシングはこれを生む。高じるとパンチドランカーである。寺山修司も繰り返し書いていた。

「頭をやられる」

たとえば、いくら向こう見ずの性格だからといっても立て続けに試合に出て「頭をやられる」羽目には陥りたくないだろう。それはむろんジム側だって同じである。大事な金を産む鶏である。いくらなんでも過重に試合に出させて鶏を殺すようなことをするわけはない。

あらゆる点から考えても袴田の年間19試合出場というのは人外《じんがい》というか、どうにも納得しがたい事態なのだ。この記録は、例えば岡本不二の盟友で〝鉄人〟とも〝拳聖〟とまで呼ばれた、ピストン堀口でさえ困難で、プロボクシングを引退したのだ。堀口の総試合数は、驚くなかれ176戦である。それでも年間試合出場数は袴田の19なのだ（※袴田の総試合数は31）。

袴田は試合に出るか？　と問われれば決して、ノー、とは答えなかった。しかし、だからといってそのまま試合に臨めるわけもない。誰かがコントロールするはずである。
そのコントロール役は十中八九《じゅっちゅうはっく》有田だったはずだ。

「袴田の精神力は、人並み外れて強かった。とにかくタフで、KO負けは一度もない」不二拳ジムで袴田のトレーナーを務めていた恩師有田照光。写真下、左が袴田巌。

「あんまり試合が重なったりしたら、袴田が（試合に）出たいといっても言われるまんま出すわけにはいかないよ」

袴田に限界が見えてきてひとまず引退を突き付けたのはほかならない有田なのである。

「あんまり試合に出すぎてね、その次の年昭和36年（1961）から勝てなくなっちゃった。右腕も痛めてしまってもう無理だったんだ。なんというか限界だったね。だからオレが、（袴田に）もう、やめろ、と言ったんだ。がっくりしてた。いま思えば悪いことしたなあ。でも右肩をやられていて、もうプロでは無理と思って断腸の思いで引退させたんだ」

有田の一言がプロボクサー袴田への引導だった。

有田の目に涙がたまる。人生はどこでどうなるか分からない。もし、あの時辞めて静岡に帰らなかったら、あの忌々《いまいま》しい事件に巻き込まれることはなかったら、平穏な人生を送っていたのかもしれない袴田の人生。それを考えて心が曇ったのかもしれない。

有田は袴田の話をしていてもつい話が逸《そ》れる。

「袴田、袴田、ウン、一緒に勝又もいたな。あいつもいいボクサーだったよ。やっぱり前へ出る選手だったな。ファイターなんだよ、勝又は」

「それと、串田。串田もいいボクサーだったよな」

「もう古い話だからね、この人もみんな一緒になっちゃってんのよ。ええ、だって50年よ。もう50年以上も経っちゃったんだねえ」

有田の細君。取材の間、片時も離れないでそこにいてくれる。時には、有田のフォローもしてくれる。有田と夫唱婦随《ふしょうふずい》で過ごしてきたのだ。

だから不二拳時代のことも、よく知っている。

「苦しい時も随分とあったねえ」感慨深げに細君はいう。それでも、「あの頃は楽しかったよ」

みんな若かった。目の前の有田だって、勝又だって、串田も岡本不二も。そして、袴田も。おカネはなかったけれどもそれぞれ夢は持っていた。細君の感慨はこれに尽きている。細君は突然、言った。

「袴田に主人と会いに行ったのよ」

「え？　どこに、ですか？」

「刑務所」

「すると、小菅《こすげ》ですね。小菅拘置所」

「そう、行ったよね？　あなた」

細君からそう言われて、ウン、ウン、と頷《うなず》く。細君の記憶は有田のそれをフォローして余りある。夫人の記憶は実に明解である。

「それでね、その時、袴田が言ったんですよ、この人に向かってさ。『僕は絶対にやっていません』って。

私もそれ聞いてさ、袴田は犯人じゃないな、って思った。プロにしてくれたトレーナーに嘘言うわけないんだ。プロになれるかどうかなんてね、トレーナー次第なのさ。主人は袴田をちゃんとプロに仕立てた。袴田にとってそんな主人は親以上の存在です。良いも悪いもなんでも全部言うに決まっているさ。そうでしょう？　袴田は主人に向かって堂々と『やっていません』って言ったんだ。私はその時から袴田は犯人じゃないと思っていました」

袴田をプロフェッショナルに仕立てたのは、不二拳のトレーナー有田に違いない。袴田にとっては生涯の恩人の一人に違いない。

袴田が寺山修司曰く「あしたのジョー」ならば、有田は、丹下《たんげ》段平だ。袴田をプロに仕上げ、前人未到の年間19戦臨ませた。おそらく二人は二人三脚だったのだろう。

多くの時が流れた――。

袴田から直接、「自分はやっていない」と聞かされたことも、その後、死刑が確定したことも、さらには静岡県警に逮捕されてから58年経た現在、すべてが覆《くつがえ》され、無罪が確定したことも96歳になった今は、遠い記憶になりかけている。

しかし、袴田が打たれても打たれても前に出る不屈のボクサーだったことはしっかりと記憶の溝に刻み込んでいた。

袴田と有田が二人三脚だったのは、昭和34年（1959）11月から昭和36年（1961）8月までである。

それはボクサー袴田のプロ全時代である。

第3章

比類なきファイター

袴田巌の全戦績 1　プロの手応え

プロボクサー袴田の軌跡をじっくりと眺めていこう。当時のボクシング事情だけでなく、世間の実情などもおぼろげながら透《す》けて見えてくるから面白い。

ここに3枚の資料がある。

ＬＣナンバー２９１１（ハ）―64
リング名　袴田巌
本籍　静岡県浜名郡浜北町××
現住所　川崎市新丸子町××岡本方
生年月日　12年３月10日
本名

テスト合格日
身体検査合格日　34年11月6日
所属　不二
マネージャー　岡本不二

つまりこの資料は、ボクサー袴田のファイト記録なのだ。ジム側から言えば所属ボクサーの管理表《ひょう》ということになろう。

この資料は眺めているだけでも十分おもしろい。なんとなく一戦一戦のさまが透けて見えてくるのだ。ただの表といえば表なのだが、この紙の向こうに今やどこにも残っていないボクサー袴田の歴戦の記録が躍動しているのだ。

この資料を得た時、その人は言った。

「この記録も危うく破棄されるところだったのです。あわや焼却炉に放り込まれるところで、あわてて見つけ出し、拾い上げてきたんですよ。間一髪ゲット、でした」

大ファインプレーである。

日本プロ野球阪急ブレーブスに在籍していた外野手、山森雅文（１９６０年生。熊本出身。プロ野球選手）が見せたあのプレー（※参考までに。昭和56年　1981　阪急西宮球場で行われた阪急ロッテ戦にて、その伝説のプレーが出た。ロッテ弘田澄男が打った大飛球をレフト山森は身長の何倍もある金網に猫のようにすばやくよじ登って捕ってしまった。

見送れば当然ホームランだった。この捕球がアメリカ大リーグで話題になった。日本よりもアメリカでこのファインプレーは評価されたのである。

アメリカではこの山森のプレーを「The Catch」と名付けている）と同じくらいの価値ある大美技である。

もし、そこで放り出されたこの3枚の資料を後逸《こういつ》していたら、グラブにあてながら落球していたら、プロボクサー袴田の軌跡は闇に葬られ、今では朽ちて風化しているところだ。

この廃棄寸前の資料をすくい取ったのは、元プロボクサー新田渉世《にったしょうせい》である。

新田はボクサー袴田を死刑囚という死地より元死刑囚という生地《せいち》に渾身《こんしん》の力を込めて引きずり込んだ立役者である。

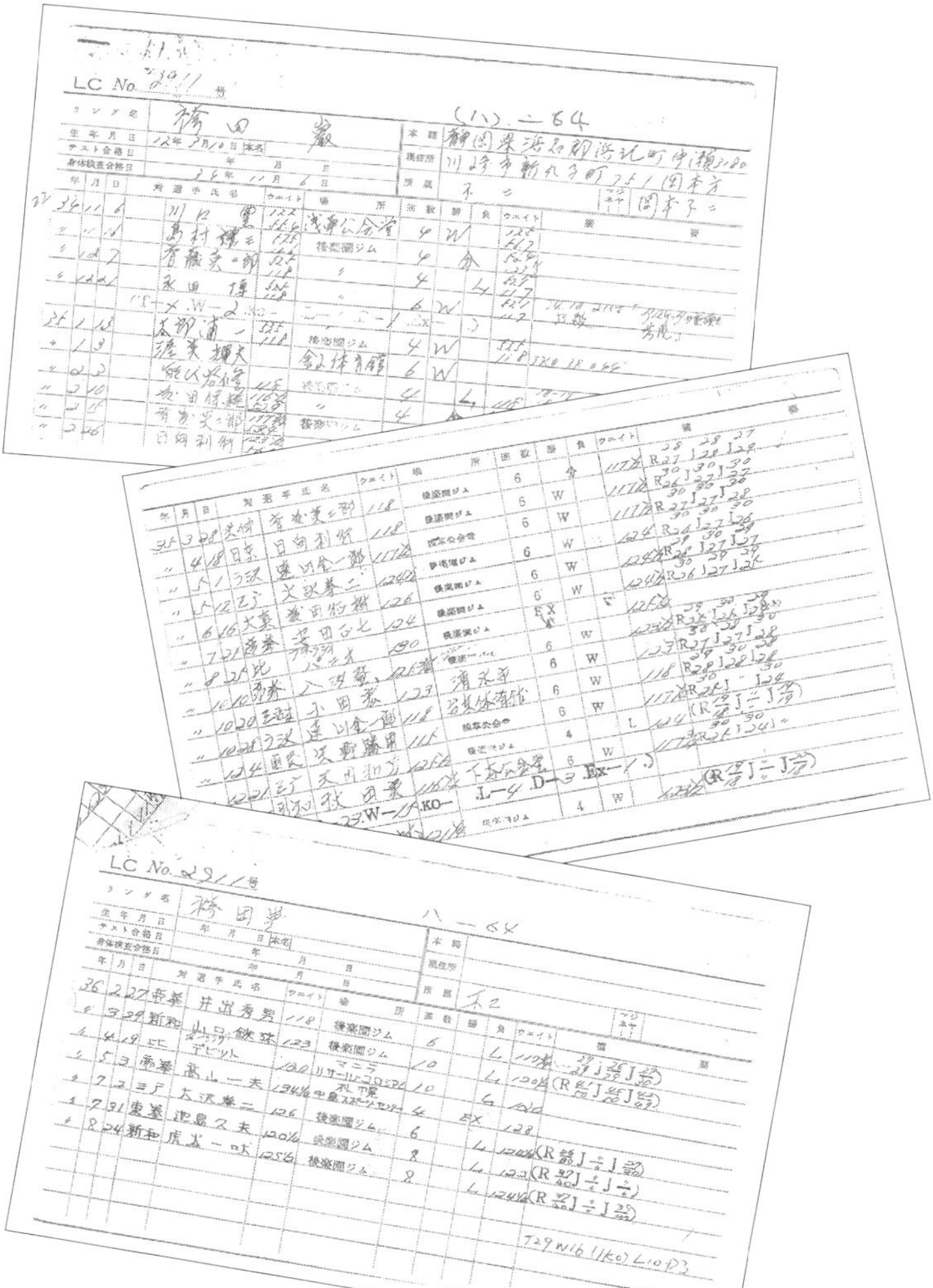

袴田の全試合の記録を発見した！

資料に沿いながらボクサー袴田を追いかけていこう。

ボクサー袴田のプロデビュー戦は、昭和34年（1959）11月6日、浅草公会堂で行われた。

相手は、川口豊という人である。4回戦。この試合に袴田は勝った。見事デビュー戦を飾ったのだ。

これには今では想像するだけだが、岡本不二、有田、引いては静岡の串田は大いに喜んだに違いない。

対戦会場が浅草公会堂というのはいかにも渋みがある。ただ袴田がデビュー戦を闘った浅草公会堂は今ある浅草公会堂とは別物のようである。

今ある浅草公会堂は昭和52年（1977）にできたものだからだ。この時の浅草公会堂がどこにあったのか、今の浅草公会堂がその時の浅草公会堂を継承したものなのか、いずれも今となっては定かではない。

しかしながら気になるのは、対戦相手の川口豊というボクサーである。当時のボクシング関係の雑誌などを見てもこの名前は見出せない。いわゆる4回戦ボーイというランクだけに専門誌でもそうそう名前は出されないのであろう。

　プロボクサーになるためには、プロテストを受け合格しなければならない。誰もが（例外もいる）最初は、C級から受けるのだ。これに合格するとプロボクサーを名乗る資格を得る。

　ただし、出られる試合は4回戦である。

　つまり、4回戦ボーイというのは、プロではあるが最低ランクのC級ボクサーということなのだ。野球でいうとファームのその下か、サッカーでいうとJ2のまたその下といったところか。

　それゆえに今となっては当人たちの資料は見出すことが困難なのはやむを得ない。川口豊ボクサーもたまたま袴田巖のデビュー戦の相手だっただけにその名が戦績表に記載されているだけでその後脚光を浴びることなくボクシング界を去ったのかもしれない。

　ところが、である。

　妙なところでボクサー川口豊の名前が見つかった。

　それはとある映画のエンドロールだった。

　昭和35年（1960）の日活映画『打倒《ノックダウン》』という映画がそれである。監督は松尾昭典、主演はトニーこと赤木圭一郎、共演は二谷英明、岡田真澄、稲垣美穂子、大坂志郎。ここまで書いた名前はみな他界している。今から65年も前の映画である。

そのまさに末端に、その名はあった。

川口豊（出演拳闘選手）

そのあとには郡司信夫の名前まであった。

このタイトルからも確認できるが、ボクシング映画である。アメリカ映画『チャンピオン』（１９４９年製作　監督スタンリー・クレイマー　主演カーク・ダグラス）をモチーフにした映画だそうだ。

ボクシング映画だけに実際のプロの試合も登場したのだろう。そのどこかにプロ拳闘選手川口豊は出ていたのだ。

映画は昭和35年のもので、その時には川口はすでにプロデビューしていたと見なしていい。これで川口豊が少なくとも一年は先に袴田よりプロデビューしていたことがわかる。

袴田のプロデビューは昭和34年（１９５９）11月だからだ。つまり、川口は袴田の先輩ボクサーだったのだ。すると袴田のプロデビュー戦は先輩ボクサーに勝利したということになる。

プロボクサー袴田の幸先はいい。

袴田はプロデビュー戦を勝利で飾ったそのわずか10日後、プロ第2戦のリングに立つ。

昭和34年（1959）11月16日、後楽園ジム。4回戦。

相手は、島村謙三。

この試合を眺める前に、やはりデビュー戦からわずか10日後に第2戦に臨んだことを強調しておかなければなるまい。

元ボクサーは言うのだ。

「昔のグローブはね、今のとは違って一回りも二回りも大きさが違うんだ。大きいんだよ。ちょっと想像つかないくらい大きいんだ。

いいかい？　こんなグローブで顔面でも食らってみろよ、何もかも飛んじゃうよ、記憶も頭の中の常識も、みんなだよ。

袴田さんは、そんなグローブ使っている時代に年間19試合したっていうんだろ？　アンビリーバボー、そのものだよ。

大きなグローブでガーン！　なんて、ホント、頭やられるからね。1試合こなしただけで1週間以上は自分が自分じゃないような感じなんだから。頭蓋骨の中で脳みそがユラユラ揺れているような感じなんだよ。そういう感覚、ボクサーにしかわかんねえよな」

寺山修司が、読売新聞の記事を引いて、袴田は「頭をやられて」ボクシングをやめたことをくどくどと書いていたが、おそらくこの元ボクサーが言っている〝感覚〟を知っていたのだろう。

ボクサー袴田は、デビュー戦わずか10日で第2戦のリングに立った。

対戦相手の島村謙三（笹崎ジム）は、この試合の前年（昭和34年）に、全日本フェザー級の新人王を獲っている。

「こいつはなかなか手ごわそうだぞ。何しろ新人王だからな」

対角線上から島村を眺めながら袴田はこう思ったに違いない。

さらに島村はこの試合が行われた年の、チャンピオンスカウトA級トーナメントライト級優勝者である。デビュー第2戦の相手としては文句なさそうだ。4回戦でもなんでもいいんだ。できる限り相手にパンチを繰り出し前に出る。袴田はきっとそう思っていたに違いない。

この試合は、この年の東日本フェザー級新人王予選だった。

結果は、引き分けだった。が、規定により島村が勝者となった。

なるほど、それで島村は先に紹介した通り、前年の全日本フェザー級新人王なのだ。

袴田に軍配が上がっていたら、新人王は……。ここで、たらればの話はやめておこう。

ただ、引き分けなのに規定により勝者扱い、というのはいかにもあいまいな表現である。

袴田は敗者扱いなのだろうが、こういった表現で勝敗を決するのはボクシングだけではあるまいか。例えば、レスリングや柔道などにもあるのだろうか。（※規定というのは戦歴による、多く勝利している方が規定により勝つことになっている）

残念ながら敗者扱いとなったプロ第2戦から、3週間後の同12月7日、袴田は早くもプロ第3戦を迎える。

第2戦と同じく後楽園ジム。相手は斎藤英二郎（興伸ジム）。

この人の戦歴やプロフィールは重箱の隅をつついても出てこない。拍子抜けの感もあったが、ふとしたところにこの名前が出てきた。

袴田プロ初戦の相手、川口豊が出ていたあの映画、そう、『打倒《ノックダウン》』に斎藤英二郎も出ているのだ。川口と同じように、エンドロールの最後の方に、拳闘選手として。川口と斎藤は同じ興伸ジムに属していた。推測するにこの興伸ジムが映画に協力していたのであろう。エキストラとしてかなり人を出したのかもしれない。もしかしたら主演の赤木圭一郎が入門したジムが興伸ジムだったのかもしれない。ロケ現場がこのジムだったということも考えられる。川口や斎藤のように末席ながらでもその名がクレジットされたのは、彼らにとって好ましいことだったに違いない。

そこで肝心の試合結果はといえば、袴田初めての負けとなった。4回戦ではあるが、最初のプロの洗礼を浴びたといったところだろう。これは先の島村戦の時のような、敗者扱い、などというものではなく、完全な負けである。

実は、袴田はこの斎藤英二郎とはプロ時代3回も戦っている。もちろんこの回が最初だが、そのあとは昭和35年（1960）2月15日（4回戦　斎藤の勝ち）、同3月28日（6回戦　引き分けの計3回である。袴田はこの斎藤以外3回戦った選手はいない）である。

デビュー戦勝ち、第2戦引き分け、第3戦負け。いかにもバラエティーに富んでいる。

この間、袴田は、あの無表情を貫いて毎日毎日川崎の多摩川河川敷でシャドーボクシングをしたり、縄跳びをしたり、多摩川端を六郷橋方面や反対の関戸橋方面に走っていたはずだ。無心に。

「袴田はトレーニングはいつだって熱心にやってたよ。あいつは何でも手ェ抜くことを知らん。一生懸命取り組む。根がとことん真面目なんだろうよ」

トレーナーの有田はいう。

今となっては残念ながら有田は袴田の対戦についてほぼ記憶がない。誰とはいい試合をしたとか、だれだれとは相性悪かったよな、とか、そういうディテールは有田の記憶の外をさまよっている。戦績をまとめたこの表があったからいいものの、なければプロボクサー袴田の活躍は今となっては雲散霧消である。

袴田が命を懸けた記録を留めるものがない、というのはプロボクサー袴田を支える柱がないということになる。ただ人の記憶にだけ残っているに過ぎなくなるのだ。

昭和34年（1959）袴田第4戦、この年最後の試合は後楽園ジムだった。12月21日。

相手は永田博（青木ジム）。この永田という選手についてはまるで記録がない。

この試合から袴田は6回戦に替わる。

もう一つ、袴田にとって注目すべき事態があった。

戦績表のこの日の摘要欄にこんな表記がある。

「アマチュアの実績を考慮」34．12．21 B級
この日、袴田はB級プロボクサーになった。

プロ登録してから1か月半でB級というのは早い。袴田はこの日の試合は気分よく臨めていたに違いない。

結果は、勝ち。

「いくら新人といってもこの（試合の）ペースは速すぎる」

ボクシング経験者はいう。

「まるで生き急いでいるようだな」

ボクシング経験者は重ねて言った。

デビューして2か月しか経っていないのに、もう4戦である。

その年はここで終わった。

袴田、プロ1年目は、2勝1敗1分だった。

年が明ける。昭和35年（1960）を迎える。

1月3日金山体育館。6回戦。第5戦目の相手は協和ジムの渥美輝夫。

渥美については、通算戦績しかわからない。13戦6勝5敗2分。かろうじて勝ち越し。年齢もよくわからない。

この試合の結果は、袴田の勝ち。

新年早々、縁起がいい。

袴田は、この試合で、この年確かに強い手応えを感じたに違いない。

それにしても正月三が日から試合とは。

この年の正月に袴田はトレーニングに明け暮れ、おせち料理もお屠蘇《とそ》すら口にしなかったに違いない。

この試合が開かれた金山体育館というのは、名古屋市にあった。この頃、大相撲名古屋場所はこの体育館で行われていたらしい。すると結構な規模の体育館だったと考えられる。新年早々行われたイベント要素たっぷりのボクシングの試合だったのであろう。

そこで袴田は、勝利の凱歌を挙げた。

ところで、今でこそ東京と名古屋は新幹線で2時間少々だが、この時東海道新幹線は開業していない。袴田はどのようにして名古屋に行ったのだろう。今のように深夜バスなどもあるわけがない。するとやっぱり東海道本線だったのだろうが、それはどのくらいかかっていたのだろう。正月3日の試合だからきっと袴田は元日あたりから東京を発って名古屋に向かったと思われる。この興行はうんざりするようなヘビーなスケジュールだったに違いない。

袴田25歳である。

なんとなく颯爽《さっそう》とした袴田が見えるようである。語り部がいないので頭の中で組み立てる以外にないが、このころの袴田はさぞかし格好よかったであろう。ただし、トレーニングは毎日正確にメニューをこなしていたに違いない。地道に地道に、正確に正確に。

後年、袴田は浜松に帰ってからというもの、しばらくは自宅の中を毎日正確なルートを同じペースで歩いていた。ルートは寸分たがわず、ペースも同じように。

25歳当時の袴田もやっぱり同じルート同じペースのトレーニングを黙々とこなしていたに違いない。正月も誕生日も。

1月13日後楽園ジム。袴田プロ第6戦。

この試合は注目である。袴田は無名でも対戦相手は、名のあるボクサーである。

太郎浦一《たろうらはじめ》。

変わった名前だが、この苗字は本名である。佐賀県出身。戦後、スーパーバンタム級日本王者になっている。

昭和16年（1941）5月1日生まれ。通算戦績61戦36勝（1KO）15敗10分。

太郎浦はなかなかすごい記録を持っている。

日本スーパーバンタム級王者の座にあって連続防衛の記録保持者なのだ。昭和39年（1964）～昭和43年（1968）の4年間で9回も防衛している。この記録はいまだに破られていない。このくらいのクラスになると、その変わった名前とともにこの人のことを覚えている人も多くなるのではないか。

太郎浦の写真だって残っている。太郎浦がファイティングポーズをとっている写真もあるが、そのほかに生々しい一枚がある。昭和44年（1969）日本スーパーバンタム級タイトルマッチ。このとき太郎浦は9連勝を成し遂げたばかりで、向かうところ敵なしの状態だった。

そこに、まさに新進気鋭の専修大学生、清水精が登場した。試合前インタビューで清水は「（チャンピオン太郎浦を）倒します！」などと自信満々に答えていた。

下馬評は、完全に太郎浦だったが、結果は、この少々、お高く留まっている清水がノックアウト勝ち（この時の写真は残っていた。確かに太郎浦はダウンさせられている。本人にとってはあまり見たくない写真であろう）、日本王座を獲得した。

太郎浦は、この試合で引退を決め、実際の日本ボクシング界から、その姿は消えてしまった。姿こそ消してはいないが、ひと回りも違う貴乃花に負けを喫して、あっさり引退を決意した千代の富士のようである。栄枯盛衰の図である。

その太郎浦との対戦が袴田の第6戦となった。4回戦。

試合前よりちょっと緊迫感が漂っていた。

袴田はいつもよりやや落ち着きを失っていた。翻《ひるがえ》って、太郎浦は、と見ると、悠然とコーナーに座り、やや首を捻じ曲げるようにしてトレーナーと話をしている。余裕綽々《よゆうしゃくしゃく》である。

袴田はいつもより燃えていた。

第一ラウンドのゴングが鳴った直後から袴田は猛然と打ちかかっていく。猪突猛進《ちょとつもうしん》、そのものだ。

受ける太郎浦は防戦一方。こんなはずじゃなかったのにな、太郎浦に時々そんな表情が浮かぶ。

ついにその時はやってきた。

第3ラウンドのゴングが鳴って、44秒後。袴田のパンチが太郎浦を襲い、太郎浦、ダウン！　起き上がってもファイティングポーズが、なかなかとれない。

袴田第6戦目にして初めてノックダウンで相手を破ったのだ。しかもその相手とは、袴田のはるか先を行っていたベテラン太郎浦一。

このダウンで勝負あった。袴田のTKO勝ち。この試合で袴田は大いに自信をつけたのではないだろうか？


戦績表をじっと見ているとそこにボクシングに命を懸けた男たちの汗とどつき合いの片鱗《へんりん》が見えてくる。書かれている字面《じづら》は無味乾燥で味気のないものだろうが、書かれているその内容は紛れもなく極限を闘っている男たちの忘れがたき記録である。

さすがに次の試合は1月内にはなかったものの2月に入るとすぐ行われた。

袴田の第7戦は、2月3日に行われている。後楽園ジムである。

相手は、能代谷《のしろや》修という人である。おそらく、のしろや、と読ますのだろう。

この人についてもやはり多くの情報は今や存在していない。そういうものなのだろう。星の数ほどいるボクサーの中でたとえ年齢ひとつとってみても無名のボクサーならばわからないのが普通なのだ。

それでもひょんなところにこの無名ボクサーの名前があった。

山本晃重朗という人のブログにその名前があった。どうやらこの山本という人は元ボクサーで能代谷修と試合をしたらしい。その際のことがブログには綴られている。そこには能代谷修ボクサーの試合運びというか戦い方が、なかなか生き生きと記されている。

〈対戦相手は青木ジムの能代谷修だった。「あいつはアマチュア出身なので、テクニックはあるが、パンチはない。ガンガン打っていけ」と菊地トレーナーの指示があった。ゴングと共にコーナーを蹴って出た。中央でグローブを合わせるとストレートを連打した。ところが、能代谷選手はフットワークとブロックでパンチをはずし、カウンターパンチを打ってきた。それでも前に出て打ったがパンチが当たらない。パンチが当たらないと大振りになってしまう。三分間追いかけまわして、かなりスタミナを消耗した。セコンドが、「このままでは勝てない。相手が出てきたら前に出て相打ちでいこう！」。この作戦はうまくいったのだが、相手が下を向いた時、頭にカウンターぎみの右のパンチが当たってしまった。〝ギクッ〟と右の拳に衝撃が走った。セコンドを見ると、「あと三十秒だ！　打ちまくれ！」。指示がとんだ。だが、私はスタミナは消耗しているし、右の拳が痛いのでセコンドの指示を無視した。この三十秒を休み、次のラウンドで勝負しようと思った。ロープを背にして、防御に徹している私を能代谷は容赦なく攻めてくる。〉

これが今回袴田が相手にする能代谷修の闘いっぷりだ。このブログで書かれている時代は、ちょうど袴田がプロデビューした頃のことで能代谷の闘いっぷりはそのまま袴田戦に応用でき得る。能代谷については、ここで出てくる（菊地という）トレーナーの評価がすべてであろう。能代谷は、テクニックはあってもパンチ力はない選手だったのであろう。このブログの書き手（山本氏）に盛んに打ち込んできているようだがそれは決してカウンターにはなっていないようである。

惜しむらくは、袴田のプロ時代31試合全部とは言わないが、こうしたリアリティーあるファイトレポートのようなものが今現在、一切ない、ということである。どこかに埋もれていないものだろうか、とは今でも痛切に感じている。

能代谷のスタイルはわかった。袴田との試合においてまずはこれを引用すればいい。ボクサーというのは一人ひとりスタイルは違うわけだが、それを対戦相手によっていちいち変えたりはしない。そんな器用なことはしない、できない選手がほとんどなのだ。すると、能代谷は山本氏のトレーナーが言ったように、「テクニックはあるが、パンチ力はない」。こんな選手相手に袴田はどんな戦いを演じるのか。

「やっぱり前、前、前、だったろう」。ボクシング経験者はいう。

だが、相手は意外にテクニシャンである。いわゆる試合巧者というタイプで、パンチ力はないからといってがむしゃらに前に出ていった時、やはりそこはかわされて、足元をすくわれてしまうだろう。そうは問屋が卸さない、といったところだ。

この想像をほんの少々裏付けるような表記が、戦績表に残されていた。

戦績表には、うっすらと18―19、18―19、19―20、と手書きの表記があった。これは見逃せない。

この不思議な表記は、能代谷との試合以降のすべての試合で記されている。

これはいったい何であろうか。

「判定の結果だよ。Rというのは、レフリー（referee）、Jというのは、ジャッジ（judge）のこと。どの試合でもこの3人の評価で判定が決まる。それぞれの持ち点の最高は10点。3人だから満点は30点だ。そう、各回で判定する。レフリーは、だから忙しい。ジャッジだって忙しいよ。レフリーもジャッジも有資格者だ」

ボクシング経験者ならばこのように当然のことだが、素人にはまったくもってわからない。

すると、ここに書かれている、18―19、というのはどういうことなのか。

「3人を合計した平均値だよ」

なるほど、そういうことか。

この試合の結果は、袴田の負けである。この数字の数字の少ない方が負けというわけだ。

それでも数字を眺めていると、非常に接戦だったことがわかる。どの試合（ラウンド）も1点差だ。

これを見るに袴田は、能代谷に惜敗したのだ。

かたや、前に前に出るブルファイター、方や硬軟ないまぜにしたテクニシャン。ファイターは次第に疲れてくる。先に紹介した山本ボクサーの時と同じだ。がむしゃらにパンチを繰り出す山本ボクサーは、やがてバテてくる。テクニシャンはそこを狙って正確にパンチを入れてくる。

おそらく袴田も同じような試合運びをしたのだろう。山本ボクサーも、袴田もプロデビューして日にちは浅い。1勝でも多く上げたい。心はどうしても勝利獲得にはやってしまう。

テクニシャン能代谷はそんなはやる袴田を見逃さない。山本ボクサーの時のようにむやみに繰り出されるパンチをかわしてしまう。かわしながら袴田が体が開くのを待っている。

結局試合は判定となった。おそらく疲労度は袴田の方が高かっただろう。能代谷はスタミナを温存しながら袴田へのカウンターの機会をうかがう。

こうした試合の駆け引きをデビュー7戦目の袴田は体得していなかった。無駄な動きが多過ぎたのである。

「ブルファイターにはよくあること、それでも前に向かっていくのがブルファイター。あれはもう後ろに返れないだろうな」（元ボクサー）。

このあとの袴田は、やや精彩を欠く試合を2試合ばかりする。

袴田巌の全戦績2　死闘編

能代谷との対戦から、わずか1週間後の2月10日、第8戦は後楽園ジムで、カワイジムの藤田保雄との一戦。4回戦。

しかしながら1週間である。プロ野球の先発投手だってこんな短いローテーションはなかなかないだろう。

対戦相手の藤田保雄というボクサーについては、何をひも解いてもその名は見いだせない。どのようなボクサーだったのか、その輪郭もわからない。

ただ、昭和36年（1961）3月5日、つまり袴田との試合のほぼ1年後、藤田選手は、有名ボクサー、原田政彦、つまり、のちのファイティング原田と試合をしている。

その試合は6回戦、最終6ラウンドまでもつれ、結局判定では3―0で、原田が勝っている。

ファイティング原田は、藤田に勝ったが、袴田は藤田とは引き分けに終わっている。RJJは、19―18―19、18―20―19、となっている。接戦のようだが、藤田には20という満点が見られる。これで勝負あった、となったのであろう。

さて、藤田との一戦の後遺症などかまっていられないとでもいうように、次の第9戦の試合は、2月15日に行われている。

2月3日、10日、それに、15日である。2週間で3試合。ほとんど常軌を逸していると、ボクシングに無知な者ですら思う。まさしく狂気の沙汰、といわれても致し方のないスケジュールである。

2月15日の対戦相手は、前年12月7日に闘った、斎藤英二郎（興伸ジム）である。4回戦。場所は後楽園ジム。袴田の9戦。袴田は斎藤と最初の対戦から、わずか2か月後に再び向かい合った。袴田のボクシング生活では最も多くお手合わせした相手がこの斎藤である。

この試合は、前回に引き続き斎藤が勝っている。

判定勝ち。

ＲＪＪは、19―19―18、19―20―19、となっている。これなど実際、どちらに軍配が上がったのか、とっさには判断しづらい。戦績表の結果として、袴田の負けになっている。これだけ近接しているところを見ると、さぞや接戦が繰り広げられたのであろう。

斎藤は袴田にとって因縁というまではいかないが、ライバル的な存在だったことは想像できる。

袴田は2回も斎藤に負けを喫していることから、当面の相手として斎藤を意識し、〝打倒、斎藤〟、くらいは思ったはずである。

短期間で2度も負けを食らっていると意識はおのずと打倒、斎藤に向いていくのは必然だ。袴田だってこの頃はそんなに試合経験があるわけではないのだ。ライバルはいつだって近くにいたはずだ。それが、斎藤、というのはあながち的外れではない。ここで悔やまれるのは、その斎藤のプロフィールはおろかただの一枚の写真すらも手に入らない、という現実である。

斎藤は前にも紹介したように、映画『打倒《ノックダウン》』にクレジットはあるもののエキストラ扱いで確かに出ている。しかし、いくら目を皿のようにして映画を観ても、どれが斎藤なのかわからない。わかるのは、斎藤本人と斎藤が所属していた興伸ジム関係者くらいであろう。

袴田は、目を据えてパンチを出しながらジリジリと前に出る。打たれても打たれてもにじり寄ってくる。やがて相手は音《ね》を上げる。

「いつになったらダウンするんだ」

相手は焦るが、袴田は決してダウンなどしやしない。機械仕掛けの戦車のように突き倒されようが、殴り倒されようが体勢を立て直し向かってくる。

これこそ、袴田の真骨頂だ。

斎藤英二郎と二度目の対決のあと11日後の第10戦は、日向利行という選手との試合となった。日東ジム所属。この試合は、浅草公会堂で行われている。4回戦。

このボクサーもご多分に漏れず残されているプロフィールはない。

どのようなボクシングスタイルなのか、ランキングではどこまでいったのか。そういうことすべては今となってはわからないのだ。

この試合の結果は、袴田の勝ち、である。4試合ぶりに袴田は勝った。

ここまでの10試合、袴田は5勝3敗2分けである。悪くない。袴田はプロとしての自信をこの10試合でつけたのではないかと思われる。

こういう時に袴田がだれか親しい人に葉書きの一枚でも出していたとしたら、きっと、「自分はプロボクサーとしてやっていける自信を持ちました」というようなことを書いたのではないか、と想像する。勝手な想像ではあるが。

昭和35年（1960）に入って、袴田はまさしく試合のラッシュとなった。1月、2月の間は、試合数は密だったが負けが込んでいた。

しかし3月に入って試合数もほんの多少ではあるが余裕が出てきたところで、快進撃ともいえるような試合を次々と演じることになる。

3月28日、袴田はまたしても斎藤英二郎との対戦が組まれる。実に3度目である。6回戦。第11戦。場所は、後楽園ジム。

袴田が3回目の斎藤とどのような試合を見せたのかは、今となっては知る由《よし》もない。ただ、過去2回、袴田は斎藤に敗れている。袴田が、3度目の正直とばかりに燃えたことは容易に想像できる。

この因縁ともいえるような試合の結果は、引き分けだった。

スコアは、かたやR28、J28、J27、かたや27、28、29、となっている。確かに互角である。袴田は、斎藤英二郎戦での3連敗は免《まぬが》れたのである。さぞかしいい試合だったに違いない。スコアがそれを指し示している。正直、袴田VS斎藤の試合は観たかった。

次の一戦は袴田にとって、またしても過去の対戦者となった。それも、わずか1か月と2週間余りでの試合である。

4月18日、対戦相手は日向利行である。6回戦。袴田第12戦。後楽園ジム。
袴田は、勝った。日向に連勝。袴田にとって、この日向という選手は相性のいい選手だったのだろう。
この試合のスコアは、
袴田　R30、J30、J30
袴田、満点だった。
一方の日向は、27、28、29となっている。日向も試合中には徐々に調子を上げてきてはいたのだ。スコアは右肩上がりである。しかしいかんせん許されたラウンドは少なすぎた。

スコアからこの試合は袴田の圧勝である。終始、袴田のペースで試合は行われたはずである。実力差も袴田が日向を圧したと見ていい。スコアを見ても袴田は余裕を持ったファイトだったのではないか、とみられる。


2週間ほど経った5月1日、～この日はメーデー。当時は今と違ってメーデーはさぞかし街中、騒がしかったであろう～、浅草公会堂、袴田は遠山金一郎なるボクサーと試合をする。第13戦。遠山は、鶏沢ジム所属である。6回戦。

それにしても、遠山金一郎とは。名付け親は、遠山の金さんが好きだったのだろうか。これは本名なのだろうか。

これまた残念ながら、遠山の実績や横顔についても今となっては、皆目《かいもく》といっていいほどわからない。こういう名前だから、どこかにその名をとどめているはずだ、と探索に勢い込んだが残念ながらそれは徒労に終わった。

さて、遠山金一郎との対戦結果は、袴田の勝ち、だった。スコアは、袴田、満点。遠山金一郎は、R27、J27、J27。

袴田の圧勝だ。

次の対戦は10日明けの5月12日。後楽園ジム、6回戦。相手は、大沢拳二（三鷹ジム）。第14戦。

大沢選手についてはそれなりにプロフィールが見つかった。

この選手には本名があった。大沢拳二というといかにもボクサーとして強そうな名前は、リングネームである。

本名は、菅原忠生という。リングネームとはまるで違う。昭和14年（1939）1月30日生まれ。大沢選手の通算成績は、48戦25勝（3KO）18敗5分。対戦履歴を見ると袴田とはこの時以外にもう1回戦っている。もう一つ興味深いのは、大沢は袴田の兄貴分の勝又行雄とも対戦していることである。（昭和37年〈1962〉3月31日）。結果は、勝又の勝ち。それも、大沢の2ラウンドKO負けである。

袴田は、大沢とのファイトを見事に制した。今回も袴田は満点だった。一方の大沢は、R26、J27、J26。完勝といっていい。

3戦連続満点の判定。4月の日向戦からこれで3連勝。袴田、いい調子だ。

袴田はこの時点でプロデビュー半年である。デビュー当初はぎこちなかった試合運びで、繰り出すだけだったパンチもこの頃になると次第にスムーズに的確になっていたはずだ。それは判定の結果に正確に出ている。

その時代、その時代の写真があったとすれば、袴田のボクサーとしての成長過程を目で見ることができたのかもしれないが、それは今はもう叶《かな》わないことである。

たとえば不二拳が今でも存続しているならば、ジム所有の資料を継承していたかもしれない。

6月16日には藤田征樹（大真ジム）との6回戦が後楽園ジムで行われている。第15戦。

この藤田選手は、先に紹介した寺山修司の文章の中に出てくる。

藤田選手については多くのデータは残されていない。戦績は、52戦29勝（8ＫＯ）17敗4分。

前回の大沢選手との試合から袴田の体重は117ポンドから124ポンドに上がっている。バンタム級からフェザー級にアップしたのだ。この藤田の時も、124ポンドである。

試合結果は、袴田の、勝ち。

この試合の判定は、袴田R29、J30、J29。藤田28、27、27。

袴田の圧勝とまではいかないが、6回戦ずっと有利に進めたとみていい（※寺山修司の引用文中藤田選手のコメント引用参照）。


この頃になると1か月に1回の試合というパターンができてきた。袴田にコンスタントなスケジュールが確立されてきた。試合のパターンができてきたのだ。

それまではただただそこに試合があって、それこそがむしゃらに臨んでいただけだった。試合のペースだって行き当たりばったりだから戦略を緻密《ちみつ》に立てようがない。

ところが試合のペースが決まってきたところで袴田は、まさしく快進撃とでも言いたくなるような活躍をするのだ。勝ちパターンのリズムができてきたのだろう。袴田はおそらくこの時期にプロで食っていく自信を以前より一層強めたと思われる。

もう迷わない。オレはプロで食っていく。袴田の快進撃を見ると、心の底からそう思って試合に臨んでいたことがうかがえるのだ。

袴田は、もともと寡黙なうえにそうそう心情をさらけ出すことはない。収監中、さらには死刑囚となってからは驚くべき筆力と文章力で書簡を綴《つづ》り続けたが、それまでは、特に現役ボクサーだった頃の袴田は、書簡でも日記でも無論のこと、口頭でも自らを語ったような痕跡は見いだせない。

しかし、試合の結果は雄弁である。そこには袴田の心情がそのまま出ている。

袴田はその試合っぷりで自らを語っていたのだ。

この時代、昭和35年（１９６０）頃から日本は空前のボクシング・ブームが吹き荒れる。

ブームの皮切りは、ファイティング原田が世界チャンピオンになったことであろう。

矢尾板貞雄の代理挑戦で急遽出場したファイティング原田がチャンピオン相手にＫＯ勝利したのだ。

これに日本全体が沸騰した。

ファイティング原田は、すい星のごとく現れ、日本国民のヒーローとなった。

昭和37年（１９６２）10月10日のことである。

ボクシング・ブームが沸き上がったのはこれからである。

袴田がコンスタントな試合スケジュールとなり、プロボクサーとしてやっていく決意を固めてから、ほぼ1年後のことである。

袴田は2年後に沸き上がるボクシング・ブームを予期したかのように、自分のボクシングへの道を発見し、そして見据えた。

昭和35年（1960）7月21日、4連勝中の袴田は、後楽園ジムで、その後の行方を占う大きな試合（6回戦）を迎えた。第16戦。袴田にとって最重要ともいえるような試合である。

この試合は、1960年度チャンピオンスカウトA級トーナメントフェザー級の決勝戦だった。

ここまでB級ボクサーだった袴田は、この試合に勝ったらついにA級になれるのだ。日頃、緊張を表に出さない袴田もこの試合の時は違ったようだ。

「確かに違ったね」

不二ジムの有田トレーナーはいう。

常に無表情、喜怒哀楽を顔に出さない袴田が普段とは、「違う」というのはどのような感じなのかはちょっと想像できない。今となっては、何がどのように「違っていた」のかはわかりようもないが、それだけこの試合が袴田にとって重要な意味を持っていたことだけは確かであろう。

この日の試合の相手は、安田正七（帝拳ジム）である。

安田についての資料はいくらかある。昭和17年（１９４２）４月26日生まれ。この試合の時はまだ10代である。

生涯戦績は、40戦22勝（３ＫＯ）13敗５分け、である。その戦績は悪くない。

安田には特筆すべき事項がある。

１９５８年西日本フライ級新人王。

こんなタイトルを獲っている。袴田との対決の２年前のことである。これはなんと安田が、16歳の時のことなのである。

16歳といえば高校２年である。高校２年で、西日本といえども新人王なるタイトルを獲ったというのは、びっくりせざるを得ない。安田はよほど才覚があったのであろう。

袴田は、その安田相手にＡ級昇格を争うこととなった。勝てばＡ級ボクサーになれるのだ。若いが手ごわい安田相手に、袴田はいつになく燃え上がった。

結果は、袴田の勝ち。

袴田R30、J29、J29。安田は、26、27、25。

文句なく袴田の圧勝である。この日、袴田はA級ボクサーになった。

5連勝。

袴田、まさに絶好調である。


「袴田はちょっとばかりどんくさいが、打たれてもひるまない。前に出ていくんだな」

有田は言う。

安田との試合もジリジリと相手に迫っていったのであろう。A級だってかかっているのだ。持ち前の粘りで常に前に前に踏み出していったのであろう。

袴田の姉、秀子は袴田の試合を生で観たことはほとんどない。ただ、昭和32年（1957）の静岡国体の時はボクシング会場が浜松だったため試合を観に行っている。その時の感想が興味深い。

「（袴田）巌のボクシングは、なんとなくどんくさいと感じた」

有田は袴田をどんくさいと表現し、姉秀子も同じ形容をした。

要するに袴田のボクシングは〝どんくさかった〟のであろう。どんくさい、いいじゃないか。それこそ袴田のむき出しのスタイルなのだ。

それでもプロになって1年もしないうちにA級になり、連勝も伸ばし続けている。この時期、袴田は早くもプロボクサーとしてピークを駆け上っていたのだ。

空前のボクシング・ブームの到来前夜、その時袴田もボクサーとしての円熟を迎えようとしていた。

その時の袴田は、さぞかし輝いていたことだろう。寺山修司が袴田を「あしたのジョー」と言わしめたことが十分頷ける。

ボクサーとしてのピーク、それは袴田の人生でも最初のピークだった。この時期がある限り、ボクサー袴田は日本ボクシングの歴史にその名を刻み込む。袴田はこの時24歳。

8月25日には、ちょっとばかり変わった試合をしている。

相手はフィリピンのフラッジイ・パニオ。このボクサーが有名なのかそうでないかはわからない。無名の日本人選手よりも、さらにこの人のデータは見つからない。

誰かプロモーターと呼ばれるような人がフィリピンからこのパニオ選手を連れてきた

のだろう。

この試合は後楽園ジムで行われた。4回戦。このファイトは何かのメインイベントの前座のような試合だったのだろうか。それともエキシビションのような試合だったのだろうか。今となっては袴田の戦績リストからしかこの試合はうかがい知れない。公式な試合だったのか否かすら定かではない。別の袴田戦績リストではこの試合が省かれている。


異色の試合だったことは確かであろう。

これはあとになって判ったことだが、このフィリピンの選手との試合は、エキシビションマッチだった。ボクシング界ではこれを公開スパーリングと称している。試合としては、非公式扱いなのだ。つまり、この試合の結果は、なし、ということになる。

少々間をおいて10月10日、八汐登（帝拳）という選手との試合が後楽園ジムであった。第17戦。判定を見るとこの試合は袴田の完勝といっていい。ポイントにしてRJJいずれも3ポイント離しているのだ。勢いがあるというのはまさにこのことか、というべき状態である。

この頃の袴田は、相手が誰であっても負ける気がしなかったのではないか。試合もしたくてたまらなかったに違いない。

プロボクサー袴田、故郷清水で錦を飾る

次の試合はもちろん公式であるが、おそらく袴田のために行われたものだったはずだ。そういう計らいを誰が施したのか、それは今となってはわからない。これは不二拳の岡本不二と静岡県清水市の串田ジムの串田昇ふたりのプランだと思われる。快進撃を続ける袴田へのご褒美といったところか。

その試合は10月20日に行われた。第18戦。八汐登との前試合から10日しか経っておらず強引な開催のイメージは払拭できないが、それがまた袴田へのご褒美感が出ている。なにしろこの試合、静岡県清水市で行われたのだ。清水市といえばアマチュア時代の袴田を鍛え上げプロへの道を開いてくれた串田昇の串田ジムがある土地だ。串田とプロの袴田がいる不二拳の岡本不二は刎頚《ふんけい》の友といっていい。袴田を不二拳に送り出したのも、串田である。

その串田がジムを営んでいる土地での公式試合である。

袴田にとってみれば、故郷に錦、の大チャンスである。プロになって快進撃を続けていた袴田にとってこの試合は燃えたに違いない。串田にしても岡本不二にしても袴田が故郷ともいえる土地で凱歌を挙げるのを見たかったはずだ。そうでなければ、在京ジム所属の選手を清水市の公式試合に出させるはずはない。

この特別な試合の相手は、小田宏（三多摩ジム）。

この小田については残念ながらまったく資料がない。どのような選手だったかが今となっては全然わからない。

結果は、袴田の、勝ち。

判定結果がこの試合の熾烈《しれつ》さを唯一、表している。

袴田R30、J28、J30。満点が二人。

小田は、27、27、28。

これは袴田の一方的勝利というよりは、小田は善戦したが敗れた、という見方が正しい。

袴田は、清水市にこしらえられた特設リングで、燃えた。自信にも溢れていただろう。

まさしく故郷に錦を飾るにふさわしいファイトを見せたに違いない。

清水市でプロボクシングの公式戦が行われことで、地元紙などでは報道があったはずだが、これも見つけることはできなかった。

おそらくその特設リングが据えられた会場には、袴田を知る地元ファンが多数いたに違いない。ボクシング・ブーム到来の機運も大いに高まっていた時期である。

「袴田、行け！」

「袴田、おめえは清水の誇りだ」

「そうだ！　清水の意地を見せたれ！」

こうした声が試合中、飛び交ったことは容易に想像できる。この声のほとんどが濁声《だみごえ》だったことも。

清水はもとより漁師町、気性は荒いが、それだけに一本気でみんな地元を愛している。なにしろ、あの清水の次郎長の街なのだ。声援する地元の連中は、きっと袴田のことを、次郎長とまではいわないにしても、大政、小政、あるいは、年が若いだけに、森の石松くらいには模して声援を送ったに違いないのだ。

袴田は、その声援に見事応えた。寡黙な袴田は、言葉の代わりに前に出てパンチを繰り出した。サイドステップして前に、前に、前に、コーナーへ追いつめる。袴田の足は前にしか出ない。うしろに下がることは決してない。迎え撃つ小田宏は、あとずさりしてロープを背負う。

「行け！　行け！　袴田！」

「さがるな、袴田！」

袴田は、決して下がらなかった。ディフェンスをして、すぐに打ち返した。

その6年後、袴田は同じ清水市で名前を連呼される。

「袴田！　袴田！　お前がやったんだろ！」

静岡県警清水署の刑事だ。

２０２４年12月26日、袴田事件の取り調べの様子が最高検察庁、静岡県警本部より公開される。

「袴田！　お前がやったんだろ！　全部言え！　やったことを全部言え！」

清水署の暗くて狭い取調室で袴田はやってもいないことを自供しろ、と刑事から強要される。やってもいないことを言うまで拷問が続く。

「袴田！　袴田！」刑事は怒鳴る。頭が朦朧《もうろう》としてくる。

6年前、ここ清水で袴田は確かに英雄だった。

荒っぽい声が、濁声が、「袴田！」と連呼している。

一転して、刑事の陰湿で重い声が、「袴田！」と連呼する。

頭の中で二つの声が錯綜する。袴田の中で二つの声が混在する。意識を混濁させるに十分であろう。自分の名前を叫ぶ二つの声を同じ清水市で聞いているのだ。

袴田は、2014年、再審開始となって40年ぶりに拘置所から出所してから、一度も清水市には立ち寄っていない。その思いは痛いほどわかる。

袴田のドキュメンタリー映画『拳と祈り』（監督笠井千晶）。あるシーンがとても印象的だった。2014年に再審開始となり、袴田は40年ぶりに人間社会に戻ってきた。それから数年経ったある日、検察庁に何かの申請なのか手続きなのかをしに行く場面である。

袴田は、姉の秀子や弁護士らと共に東京霞が関にある東京地方検察庁のビルの前まで行く。そこまでは一緒に来ていた。ところが、検察庁の入り口で弁護士が入庁の手続きをしている間に群を離れ、スルスルと走り出したのだ。秀子や弁護士、検察庁の受付はいずれもあっけにとられてしばらくたちすくんでいた。何が起きたのかとっさに理解することができなかったのだろう。

袴田は必死の形相で駆け出す。

駆ける。

カメラはそれを追う。

弁護士は、「袴田さん、大丈夫だから！」と叫ぶ。

秀子も叫ぶ。「なにもないのよ！」

それでも袴田は駆ける。どこに向かってではない。少しでも忌まわしい場所から離れるために。

あの場面が忘れられない。胸が締め付けられた。

「もうごめんだ！　あそこに行くのは、ごめんだ！」

袴田はもの言わないが、あの表情はそう叫んでいた。心からの叫びだ。

清水も袴田にとっては検察庁と同じ場所なのだ。だから一歩たりとも足を踏み入れない。

事件前までは、清水は袴田にとって最も居心地のいい場所だったに違いない。

プロボクサーになっていわば〝凱旋試合〟もやった。

しかし、事件がすべてを暗転させてしまった。


清水の〝凱旋試合〟のわずか8日後の10月28日、袴田は台東体育館で試合に臨む。6回戦。第19戦。相手は、以前闘ったことのある遠山金一郎（鵜沢ジム）である。

前回同様、袴田は、勝った。

R29、J30、J28。遠山28、28、28。

これは接戦だった。遠山とのファイト、前回は袴田の圧勝だったが、今回は辛勝といったところである。

袴田に以前勝っている相手に対する驕《おご》りがあったのか、あるいは遠山の実力がグンと上がったのか、のどちらかであろう。ボクシングというスポーツの微妙なところである。

次の試合は、間が開《あ》く。

12月4日、浅草公会堂、6回戦。相手は、矢野勝男（国民ジム）。第20戦。矢野は、生涯戦績15戦5勝（2KO）10敗3分である。

この試合、袴田の、勝ち。袴田R30、J30。矢野25、24。この判定結果を見る限り、袴田の一方的な試合である。矢野はほとんど防衛だけだったと思われる。よくＫＯにならなかったと思われるくらいワンサイドゲームである。

袴田、９連勝。怒涛《どとう》の勢いである。昭和35年（１９６０）も終わろうとしている。12月21日、後楽園ジム。袴田はリングに立った。相手は、天川和芳。４回戦。第21戦。これこそ、寺山修司が実際観戦し、袴田を、「あしたのジョー」と呼んだ試合である。この試合を綴る寺山の文章をもう一度ここに引用しておく。

〈私の最も印象にのこる袴田の試合は、三十五年暮の天田和芳（注・原文ママ。これはわざとなのだろう。寺山は現実とフィクションを交錯させている）とのものであった。当時、天田のファンだった私は、十連勝（注・原文ママ）袴田と、勝又行雄に連勝をストップされたばかりの天田との対戦に一抹の不安を抱いていた。

ノックアウトパンチを持つ天田だったが、勝又にはやはり勝てなかった。そして、同じ不二拳の、袴田である。私は天田になったような気分で、この新人を見つめていた。その日、派手なガウンを着てリングに上がった袴田は、「あしたのジョー」だった。

観客席からは、「負けぐせのついた天田なんか、やっちまえ！」という声さえかかった。コーナーで名乗りをあげられる袴田の顔には、微笑があった。

袴田は十連勝のグローブをあげて花束を受けとっていたのだった。〉

微笑の袴田、花束を受けとる袴田。これだけで、ほれぼれするほどのカッコよさである。

袴田は、実際その時、「あしたのジョー」だったのだ。

実は、この試合、袴田は負けた。

連勝は9でストップしたのだ。寺山は袴田が十連勝中だと書いているが、実際は天川によって遮《さえぎ》られ、それは現実とはならなかった。

寺山は天川（※文中では天田）のファン、と言っている。天川は当時、確かに注目されたボクサーだった。

昭和16年（1941）4月7日生まれ、群馬県高崎市出身。

寺山は天川のことをノックアウトパンチを持つボクサーといっているが、実際、相当な天分を持っていたようだ。

なにしろ、昭和34年（1959）18歳でプロデビューして、いきなり14連勝しているのだ。しかも、この連勝の最中では3連続1分以内ＫＯという驚きの試合をしている。

寺山がこの18歳の若きボクサーのファンになったこともなんとなく頷ける。

天川は30試合以上本名だったが、最後半、試合相手が伏木芳男という選手の時より天田克己というリングネームを用いた。袴田の時は天川だったから寺山の表記はやっぱり現実とは違う。

天川は、生涯戦績35戦25勝（９ＫＯ）８敗２分。強いボクサーだった。袴田と対戦した１９６０年には、チャンピオンスカウトフェザー級で優勝している。

寺山も書いているが、天川は袴田戦の前に、袴田の兄弟分である勝又行雄と闘っている。その試合は10回戦だった。

結果は勝又の勝ち。寺山が書いている通りだ。

一方、袴田戦の判定結果を見るとなかなか興味深い。

袴田、Ｒ18、Ｊ18、Ｊ19。

天川、Ｒ19、Ｊ19、Ｊ19。

まさに大接戦だった。もし、この時代にスマートフォンでもあったなら、この壮絶な試合を記録として残して観ることができたのに。どうしても観たい一戦である。寺山も印象深かったゆえにこのファイトをこうして文章として残したのであろう。

10連勝を阻まれた袴田はきっとすこぶる悔しかったに違いない。相手が天川という注目されている新人ということも袴田にとって刺激になっていたに違いない。

パンチのラッシュだったのだろう。ボクシング・ブームが到来して1日1回はテレビ中継があった時代は目前であってまだ到来していない。あと1、2年この試合があとに行われていたら、テレビ中継になっていたはずだ。

袴田VS天川の好試合の動画はついぞどこにも残されていないままである。


袴田にとって昭和35年（１９６０）最後の試合は、12月30日に行われた。大みそかの前日である。場所は下谷公会堂。６回戦。第22戦。相手は、秋田実（新和ジム）というボクサーである。

結果は、袴田の、勝ち。スコアは、袴田、満点。秋田R25、J24、J24。

ワンサイドゲーム。10連勝を阻まれた悔しさが、この秋田戦でまるで火山の噴火のように出たのか。

プロ2年目、昭和35年（１９６０）の袴田の戦績は、23戦15勝4敗3分、エキシビション1、という堂々たるものである。勝率6割5分。

ボクサー袴田のまさに全盛期。向かうところ敵なし。最高のシーズンとなった。

昭和35年（1960）というのは、日本のボクシング史を振り返っても特筆すべきことがいくつかあった年である。

この年はローマオリンピックが開催されているが、ここで日本ボクシング界初のオリンピックメダリストが生まれている。

フライ級で田辺清が銅メダルを獲得しているのだ。この田辺というボクサーはめちゃくちゃ強かった。なにしろプロ戦績は無敗なのである（21勝）。

青森工業高校時代に高校チャンピオンとなり、中央大学に進学して国内タイトルを総なめにした。ちなみに中央大学には2年後輩に昭和39年（1964）の東京オリンピックにおいてバンタム級で金メダルを獲った桜井孝雄がいた。

田辺は、昭和15年（1940）生まれで現在84歳であるが、どこでどのように暮らしているのか、杳《よう》として知れない。どこかで会えたら、袴田のことについて率直な思いを聞きたいものである。

この年はもうひとつ着目すべきエピソードがある。

この年の新人王戦フライ級に日本ボクシング界にその名を残す3人が登場した。ファイティング原田（原田政彦）、海老原博幸、青木勝利《かつとし》の3人である。この3人は、「フライ級三羽烏《さんばがらす》」といわれた。

努力の鬼、ラッシャー原田とカミソリパンチャー海老原は、世界チャンピオンになった。メガトンパンチャー青木も日本バンタム級チャンピオンである。

原田は、のちにボクシング界を代表して袴田の無罪を主張する。この主張はボクシング界のみならず、一般に拡散された。原田はことあるごとにリングに立ち、「袴田事件は冤罪事件です！」と叫んだ。

かくして昭和35年（1960）は袴田にとって一身に栄光を背負った年となった。

明けて昭和36年（1961）、1月11日、袴田にとってこの年の初試合が後楽園ジムで行われた。第23戦。

相手は、虎谷一吠《とらやいっこう》（新和ジム）。なかなか強そうな名前だがこれはリングネーム。本名は幕内三男という。

昭和16年（1941）10月25日生まれ。このボクサーは写真まであった。いかにもボクサー然とした面構え。どう見ても打たれ強くしぶとさが身上のファイターとしか言いようがない。リングに上がり、相手を睨みつけながら不敵な笑みをたたえているのが容易に想像させられる。袴田の時もそうだったに違いない。その年の端緒を飾るにふさわしい対戦である。

虎谷の獲得タイトルはチャンピオンスカウトA級トーナメントで優勝、である。生涯戦績は54戦27勝（1KO）19敗8分。この時代の選手にしては珍しくボクサー後半時代にはフィリピンやアメリカ、タイや韓国の選手と試合をしている。結果を見ると虎谷はそういう試合にけっこう勝っている。

袴田対虎谷の試合はゴングが打ち鳴らされるや否やパンチの応酬だったに違いない。4回戦なのでいわば短期決戦だ。両者は最初から飛ばしていたに違いない。

袴田は前年からの勢いを失ってはいなかった。虎谷の猛烈なラッシュにひるみもせず持ち前の前に前に足を踏み出す。

結果は、袴田の、勝ち。

後楽園ジムに大きな歓声が上がった。

袴田R19、J19、J20。

虎谷18、18、18。

昭和35年（1961）も袴田の活躍は誰もが疑わなかった。もちろん袴田本人も同様だったに違いない。

この年の袴田自身の言葉は今となってはどこにも見出すことはできないが、年初の初戦で勝利したとき本人は自信に満ち溢れていたはずである。

「思いを遂げるには、両の拳しかない」

あまたあるスポーツの中でボクシングを選ぶ者のその動機は何だろう？

モハメド・アリのことは比較的広く知られている。

アリは子供だった時、ようやく買ってもらった中古自転車を誰かに盗まれてしまった。まるで古いイタリア映画『自転車泥棒』の主人公のように。自転車を盗まれたショックで泣きじゃくっているアリ少年に、警官がこう言った。

「仇をとるためには強くなれ。貧しい者が思いを遂げるには、両の拳《こぶし》しかない」

弱さも貧しさもボクシングで強くなったら吹き飛ばせる、その警官はそう諭《さと》した。

アリだけでなくボクシングを始める理由で貧しさと弱さの克服を挙げる人は多い。

ある総合格闘家も言っていた。

「オレ、家が貧しかったから、てっとり早くカネ摑むためにキックボクシング始めたんスよ。喧嘩は誰にも負けなかったしね。中学出たらすぐに（キックボクシングを）始めた。死ぬほど練習してチャンピオンになった」

貧しさからの脱出。

輪島功一、ガッツ石松、大場政夫、工藤政志……。彼ら世界チャンピオンは、文字通り、赤貧洗うがごとしの時代を経て、プロボクサーになった。

袴田はどうだったろうか。

袴田は決して裕福な家庭に生まれたわけではない。大勢いる兄弟姉妹の末っ子である。戦争をはさみ戦後の庶民の生活が裕福なはずもない。

中学を卒業して、袴田はボクシングに打ち込むようになる。働き出したが生活は苦しいままだ。それでもボクシングはやめない。

なぜだろう。

アマチュアだからいくらやってもカネは産まない。それでも過酷で激しい疼痛《とうつう》を感じるボクシングはやめない。

もっとボクシングに打ち込むために国体出場後、浜松を離れ、プロになることを見据え清水に向かう。独立した袴田の生活はさらに貧困の度合いを増しただろう。

事件後、冤罪主張を絶やさない強い精神を袴田の中で育んだのは、間違いなくボクシングである。

袴田にとってボクシングとは何だったのか。

ボクシングとは？

一体、何ぞや？

ファイトマネー

プロボクサーの収入というのはどのくらいのものなのか。

基本的にプロボクサーに給料はない。試合を行なうことによって得られるファイトマネーが唯一の収入源になる。そのため、世界チャンピオンレベルの選手を除けば、ほと

んどの選手がアルバイトなどで生活しているのが現状だ。（※『SPAIA』より引用）

これは、今も袴田の時代も変わらないという。十年一日のごとく変わらないのだ。おそらくだが、業界全体が変わろうともしないのかもしれない。あるいは変わりようがないということか、どちらかなのか、それはわからない。

しかし、どちらにしてもプロボクサーというのは想像以上に厳しい世界というほかはない。

これは今現在のことだが、プロボクサーのファイトマネーは1試合当たり、C級ライセンス（4回戦）で6万円、B級ライセンス（6回戦）で10万円、A級ライセンス（10回戦～）で15万円以上となっており、そこから所属ジムがマネジメント料を33％差し引いた残りの金額が手取りだ。年収の幅は50万円から200万円と推測される（引用、同）という。

もちろん時代の変遷、物価変動とともにファイトマネーの基本額は変わっていくが、この額を構成する根本的構造は一切変わっていないという。

袴田はプロボクサーとして満足に食えていたのだろうか。三度の飯よりもボクシングが好きだった袴田にとってファイトマネーの多寡《たか》はさほど気になることでもなかったのかもしれない。

ファイトマネーを飲《の》み代《しろ》にするとか、愛人に注ぎ込むというような退屈で愚かで月並みな費消を袴田は決してしなかった。

日々をボクシング漬けで送ることができる幸せをその頃の袴田は一身に受け容れていた。ファイトマネーについてはそれほど執心していなかったに違いない。

加えて近いうちに空前のボクシングブームが殺到することも、鋭敏な感性を持つ袴田は感じていたかもしれない。


昭和36年（1961）の年頭を幸先《さいさき》よく勝利で飾ることができた袴田の次の試合は、2月27日に後楽園ジムで行われた。

相手は、井出秀男（帝拳ジム）。6回戦。第24戦。

井出は現在わずかに残された資料によると、昭和16年（1941）5月15日生まれ、群馬県甘楽郡南牧村出身。

昭和33年（1958）東日本バンタム級新人王である。戦績は、32戦22勝（1KO）8敗1分。強い相手だ。

結果は、袴田の、負け。

井出R29、J29、J30。袴田27、26、27。

この判定結果を見ると残念ながら実力の差がそのまま出た、という感じである。一言でいえば、袴田は井出には歯が立たなかったのだ。

袴田は、この結果に歯ぎしりしたであろう。ふがいない自分を殴りつけたい思いがしたはずだ。ひとつもいいところなく負けたのだ。

この悔しさは次の試合で生かされたか。


3月29日、後楽園ジム。袴田プロ第25戦。山口鉄弥との10回戦。前の試合から1か月開いている。袴田は満を持してこの試合に臨んだに違いない。前の試合のわだちを踏まないように。完敗の悔しさをバネにこの際に臨んだのだ。1か月の間、黙々とトレーニングに打ち込んだ。その成果を見せつけてやるんだ。

山口鉄弥は相手にとって不足はない。前試合のリベンジとして申し分ない相手である。

山口鉄弥は、その時充分、名の知れたボクサーだった。

なにしろ1958年度全日本バンタム級新人王で、第14代日本バンタム級チャンピオンなのだ。

１９６１年『ボクシングガゼット』誌3月号の表紙は、山口である。左拳にテープを巻く山口はファイティングポーズをとっていないのに、なんとなく強そうなのである。少しばかり照れたような表情でこちらを見ている。いかにも頑丈そうな風体、鋼《はがね》のように強そうな精神、心身ともに強靭というのをその写真は醸《かも》し出している。

この試合については思わず目をむくような記事があった。平成26年（２０１４）６月15日付産経新聞記事である。この記事は大変重要なのでここに引用する。

日曜に書く

論説委員・別府育郎　闘い続ける拳の系譜

貿易商になることを夢見て渡米した「日本ボクシングの父」渡辺勇次郎が帰国したのは大正10年。東京・目黒に国内初の日本拳闘倶楽部（日倶）を開き、昭和３年のアムステルダム五輪には日倶の臼田金太郎、岡本不二を連れ監督として参加した。陸上三段跳びで織田幹雄が金、８００メートルで人見絹枝が銀メダルを獲得した大会である。

渡辺は岡本らを率いて6年、母校の栃木・真岡中学で凱旋《がいせん》模範試合を行った。綿安部の誘いに乗り飛び入り参加したのが、5年生の柔道部主将、堀口恒男だった。アマの日本フライ級王者に善戦した堀口は卒業後に上京し、日倶の門をたたく。引退した岡本がコーチを務めた。

拳聖

前へ前へと手を休めない猛烈なラッシュは蒸気機関車を連想させ、「ピストン堀口」の愛称が定着した。やがて岡本は渡辺と決裂し、堀口を引き連れて独立、「不二拳」を創設した。

『拳聖』と呼ばれた堀口はデビューから47連勝、通算82KO勝利などとてつもない記録を残して25年、列車事故で突然、亡くなった。不二拳には当時、ピストンに憧れた若い才能が集まった。串田昇もその一人。戦後の21年には復員してきた白井義男を5回TKOで破るなど多くの名勝負を残すが、タイトルには縁がなく、引退後は静岡・清水に「串田ジム」を開いた。

串田は多くのボクサーを育てたが、欲がないのか、東京にいた方が何かと有利だと、有望な選手は惜しげもなく師匠筋の不二拳に預けてしまう。

例えば東洋王者となるハードパンチャー、勝又行雄がそうだった。そして勝又同様、串田ジムに入門しながら不二拳に送り込まれたボクサーに袴田巌がいる。串田は袴田にも、何らかの才能を見出したのだろう。

プロボクサー袴田巌

袴田のプロ戦績は28戦16勝（1KO）10敗1分け。KO負けは一つもない。35年の19戦は、将来も破られることがあり得ない、年間最多試合の日本記録だ。数字からは、ひたすらタフなボクサー像が浮かぶ。

36年3月29日の産経新聞番組表、東京テレビ（現TBS）午後8時の欄に「プロボクシング実況中継　全日本バンタム級チャンピオン山口鉄弥（※弥の字は旧字）対全日本フェザー級九位袴田巌（10R）解説郡司信夫、白井義男」とあった。後楽園のメインイベントである。「白井さんの解説、郡司さんの採点」は、少年の日の耳に残る名コンビだ。

翌日の運動面には、山口判定勝ちの結果だけが掲載されていた。

関光徳《せきみつのり》、天田和芳とともに「KO三羽烏」と呼ばれた山口は、前戦で日本王座を奪取したばかりの絶頂期。それでも袴田を倒すことはできなかった。

この年の4月には勝又らとフィリピンに遠征した。

郡司の著書『リングサイド50年』（ベースボール・マガジン社）によれば、後に逮捕された際、清水署に「袴田はボクシングのことはよく話すが、マニラに遠征したことがあるなどと嘘をつく。袴田がいかに大ぼら吹きであるかの証拠だ」と責められた、とある。マニラでハマーシング・デビッドと対戦し、10回判定負けの戦績が残っている。

帰国後の5月には、デビー・ムーアとの世界戦で死闘を繰り広げた高山一夫ともエキシビションで戦った。リングの足跡は確固たるものだ。～以下略～

なんとボクサー袴田の雄姿はきちんとテレビ中継されていたのだ。それもその日のメインイベントとして。これを見たくてたまらない。血眼で探した。むろん、TBSには直《ただ》ちに問い合わせた。残念ながら同局ではこの試合を録画したものはこの世に存在していないことがわかった。ビデオデッキなど持っている家など昭和36年（1961）には一軒もない。あるわけがない。

山口鉄弥と死闘を繰り広げる袴田。格上の選手でもひるまず、サイドステップをしてスウェイしながらパンチをよけて前に進む。パンチをボディや顔に食らってもダウンしない。袴田のパンチも山口の顔面をとらえる。判定では負けたが、リングでは決して倒れなかった。山口は袴田のタフさに首を何度も横に振った。

そんな試合を見ることができたなら。今でもどこかにこの時の画像が残されていると信じている。いつかひょっこりと出てくるはずだ。

この試合の判定結果は、袴田R41、J45、J42。山口50、50、49。

繰り返すが、袴田はノックアウトされていない。

今をときめく山口相手に10ラウンド闘って判定まで持ち込んだだけでもボクサーとしての凄みを感じ取ることができる。袴田、天晴《あっぱ》れ。

山口鉄弥との対戦を終えて、袴田は翌月4月にマニラ遠征に旅立つ。

「張り切っていたそうですよ、親父もそうだったようですが、まあとにかく（日本）代表のような形でフィリピンに行くんですからね。そりゃ興奮するでしょう」

勝又行雄の息子、勝又洋はこういう。

「ほら、これが親父や袴田さんがフィリピンに行った時の写真です。張り切って興奮している感じがよく出ているでしょう?」

確かに袴田も勝又行雄も興奮している様子がよくわかる。この時代、ボクシングに限らず、どのようなスポーツでもほかのあらゆる分野でも、国を代表して海外に行くというのは大変なことなのだ。静岡県警清水署の刑事が、「袴田はボクシングでフィリピンに行ったなどと大ぼらを吹く。奴は嘘つきだ」と言ったというが、こんなお粗末なウソ話がまことしやかに言われ、またそれを誰もが信じてしまうほど、当時、海外遠征というのは稀有なことなのである。

フィリピン遠征は、マニラ・リサール・コロシアムというホールが会場だった。試合は、4月19日に行われている。

袴田は、セミ・ファイナルでマーシング・デビッドと10回戦を闘った。第26戦。兄貴分の勝又行雄は、メインイベントで、アーミー・ワンダーボーイといういかにも強そうなリングネームのボクサーと一戦を交えている。

勝又は勝ったが、袴田は負けている。

フィリピンではいたる場所で歓迎され、多くの記念写真に収まった。写真右が袴田。左は兄貴分の勝又。（写真下）マニラ市内を走るタイトルマッチの宣伝カー。袴田の名前も見える。

フィリピンまで遠征に行ったものの負けてしまったことでこの時も、袴田はさぞかし悔しく情けない思いをしたに違いない。袴田が帰国してからより一層トレーニングに励んだであろうことは容易に想像できる。

フィリピンから帰国した袴田は、5月3日には、高山一夫とのエキシビションで札幌の中島スポーツセンターのリングに立っている。

高山一夫といえばその時代の泣く子も黙るほどの有名実力ボクサーである。往年のボクシングファンならば誰もが知っているが、高山は国内では勝又行雄とは火花を散らすライバルだった。

高山はいわゆるハードパンチャーだった。右フックの強烈さは対戦者を慄《おのの》かせた。高山の右フックが当たったふりをしてわざとダウンする対戦者もいたというし、また、通常の倍額のファイトマネーを提示しても高山の右フックが怖くて挑戦者が出てこないという珍現象も起こったという。これはとんでもない逸話である。

ボクサーの究極の目的の一つはファイトマネーであるはず。通常の倍額などといえばこの先訪れるはずもない金稼ぎの大チャンスである。それを高山の右フックが怖くて誰も名乗りを挙げないというのはボクサーのアイデンティティーを放り出したということである。言ってみれば、高山の右フックを食らうか、ボクサーをやめるか、といったところか。

どちらにしても高山のパンチはそれほど凄かったということだ。

これはエキシビション、つまり、勝負にカウントされない。勝負より高山のエキシビションの相手に袴田が選ばれた、ということが注目すべきことなのだ。

それほど袴田は嘱望《しょくぼう》されたボクサーだったということである。また、会場が札幌の大きなホールである。普段はブラウン管を通してか新聞写真でしか見ることができない花形のボクシング選手を札幌の観客は間近で、それも生で拝めるのだ。お祭り的な要素もあったろう。そういうイベントに出るようになったのだ、袴田は。

袴田はもう、泣く子も黙る花形ボクサーなのである。

札幌のホール、中島スポーツセンターといえばすぐ思い出されるのは、ハードロックバンド、レインボーのコンサートのことである。あの事件は、袴田が高山とのエキシビションを行った17年後の昭和53年（1978）1月に、ここ中島スポーツセンターで起きた。その日、リッチー・ブラックモア率いるレインボーはいつものようにオープニングを『Over the Rainbow』、『Kill the King』で飾った。その時、エキサイトしたおよそ500人の観客がステージに殺到した。一人の転倒した少女が観客に踏みにじられ命を落とした。亡骸《なきがら》は無残だったという。コンサートにおける観客の管理はその時代、まるで野放図だった。この事件から、特にロックコンサートには屈強なガードマンが無数、会場に配置されることになる。袴田の戦績シートを見て、中島スポーツセンターの表記に目が行った時、すぐにレインボーのこの事件を思い出した。そして、中島スポーツセンターというのは袴田が現役の時にはすでにあったのか、という感慨に似たものも感じた。

高山とのエキシビションの2か月後、7月2日に袴田は後楽園ジムで大沢拳二との試合に臨んだ。第27戦。

大沢とは2回目の試合である。前回は袴田が勝っている。相性のいい相手のはずだった。

ところがこの試合、袴田は、落とした。この試合は袴田にとって不本意な結果だったに違いない。かつて勝った相手に敗れただけではない。敗れ方がいささか問題なのである。

大沢拳二との2度目のファイトの結果を見た時、トレーナー有田の言葉を思い出した。袴田のトレーナーだった有田が不意に言ったことを。

「袴田は、肩をやられてねえ。オレにはわかっていたが、あいつは最初、正直に言わなかった。奴は我慢強くてね、痛いの辛《つら》いの絶対言わない。それで、オレが有無を言わさずやめさせたんだ。あれ以上、（ボクシングを）続けていたら完全にダメになっちまうからな。かわいそうだけどな。やめさせるのだって、かわいそう、続けさせるのもやっぱりかわいそうだった。だからね、そう、オレがキッパリやめさせたんだ」

丹下段平（有田）がジョー（袴田）に引導を渡す

袴田は破竹の勢いだった昭和35年（1960）を終え、翌年1月には虎谷一吠を破って幸先のいいスタートを切った。

しかし、そのあと2月、3月、4月の試合は負けている。高山とのエキシビションをはさんで、7月の大沢戦にも敗れた。ここまでで4連敗。〝袴田、ちょっと前の快進撃はどうした〟と言いたくなるような戦績である。

袴田は肩を毀《こわ》していたのだ。そのことをトレーナーの有田はちゃんと見抜いていた。

「マニラ行きの前にやられていた（肩を毀していた）よ。山口（鉄弥）の時だったんじゃないか」

山口鉄弥との死闘で袴田は肩をやられていたのか。今となっては定かではないが、確かに袴田にはウソのように勝ち星がなくなっていた。

それにしても肩を毀していることをトレーナーにも言わないというのは我慢強い袴田の性格を象徴している。

けがのことを相談でもしようものならボクシングをやめさせられると考えたのであろう。少しでも長く、少しでも多く試合に出続けたいと強く思っていたに違いない。痛む肩を抱えながらいつにも増して練習に打ち込んだのではないか。寡黙にひとりきりでサンドバッグを打ち込み、多摩川堰堤《えんてい》（※不二拳は多摩川沿いにあった）をひたすら走ったのだ。

有田はそんな袴田のじっと見ていた。

袴田VS有田、心の死闘である。

結局、この闘いは有田が袴田に引導を渡すことによって決着がついた。

袴田は、昭和36年（1961）7月31日に、後楽園ジムで、池島久夫（東拳ジム）と対戦している（8回戦）。第28戦。

池島は昭和15年（1940）12月5日生、戦績は54戦28勝（2KO）20敗6分。

池島の戦績の中で注目すべきは、東洋フェザー級チャンピオン在位中の関光徳と対戦していることだ。昭和38年（1963）2月24日。

関光徳といえばこの時代の超がつくほどの有名ボクサーである。世界タイトルマッチに5回挑戦、制覇はならなかったが随一の人気を誇った。「名刀正宗」であるとか「眠狂四郎」などというニックネームがつけられ、その人気はアイドル歌手さながらだった。

なにしろ、あの大歌手ちあきなおみが関の大ファンだったそうで、「芸能界に入れば関に会えるかもしれない」と思って歌手デビューしたという逸話があるくらいなのだ。

そんなボクサーはまあ、いないであろう。『ウルトラセブン』のヒロイン、アンヌ隊員役で有名なひし美ゆり子も関のファンだったと自著で書いている。憧れのアンヌ隊員がファンだったとは……。これはショックを禁じ得ない。

とにかくにも関光徳はこの時代では時の人だったのだ。

関のプロボクサー時代の写真を眺めてみる。確かにいい男である。ボクサーとは思えないような優男《やさおとこ》だ。これならばちあきなおみも、アンヌ隊員も惚れてしまうかもしれない。関は、ボクシング黄金時代のシンボリックなボクサーの一人である。

袴田と対戦した池島久夫は、関光徳と対戦して残念ながら2回KOだった。

ともあれ、袴田であるが、この試合、袴田の、負け。

判定結果は、池島R40、J40、J40、つまり満点。

袴田は、37、37、37。

5連敗。

その年の夏の終わり、8月24日に袴田は、プロボクサーとして最後の試合を迎えた。第29戦。

相手は、この年最初に闘って勝った虎谷一吠である（後楽園ジム　8回戦）。有田の話から推察するに1月に虎谷と闘った時には、袴田はまだ肩を毀していなかったのだろう。

ところがこの試合袴田は判定ではあったが、あっけないほどの負け試合を演じてしまった。

それは、判定記録が如実に表している。

虎谷は、ＲＪＪともに40、満点。

袴田はと言えば、37、37、35。

完敗である。

まるでろうそくの灯が何かの拍子でふっと消えていくようなイメージである。燃え盛っていた太陽が夏の終わりを迎えるに連れパワーがなくなっていき、瞬間消えるような、そんな試合を連想させる。

袴田はこれが最後の試合ということを認識していたのか？

あるいは有田が言い渡したのか？

いずれも定かではないが、この試合で袴田持ち前の、「前に、前に」、というボクシングはできていなかったことは、判定結果を見てもよくわかる。

６連敗。

袴田、この日をもってグローブを擱《お》く。

昭和36年（１９６１）８月24日。プロ生活２年足らず。

袴田の戦績リストには欄の下の方にこんな手書きの文字がある。

Ｔ29Ｗ16（１ＫＯ）Ｌ10Ｄ３

この文字は殴り書きのようで、その字も薄い。まるで聞き書きした電話番号のメモ書きのようである。

しかし、これこそ袴田のプロボクサーとしての総まとめなのである。

29戦16勝（１ＫＯ）10敗３分。

これが袴田のプロボクサーの戦績である。（※エキシビション２試合は除いてある）

絶好調だったプロ２年目、昭和35年には、９連勝、そして、なんといっても前人未到の年間19試合という記録を残した。翌36年ではマニラ遠征には参加したものの、６連敗を喫しさっさと引退、とまるでジェットコースターのようなプロ時代である。

こんな戦績のボクサーはそうそう見当たらない。袴田が異形《いぎょう》のボクサーだったことがよくわかる戦績である。

袴田は川崎の不二拳を後にする。再起を期して、静岡県清水市に帰る。そして、串田ジムのドアをノックする。

そのとき串田昇は快く袴田を受け入れたかどうかはわからない。ただ、袴田はプロ復帰の夢を捨てずにいたことだけは確かである。

「いったんやめちまったボクサーが再びプロに戻ろうとしても、それは極めて難しいだろう。いや、まずできない相談だ。特にけがなんかでやめたボクサーはリングにゃ戻れねえよ。そういう奴は、〝怖さ〟を知っているからさ。もう殴られたくないと本能的に思っちまうのさ。それでプロの世界に戻れるほど甘かないよ」

知り合いの元ボクサーはそう言った。そんなものかもしれない。袴田は本気でプロに戻るつもりでいたのか、それは袴田にしかわからない。

第4章

人生の蹉跌《さてつ》

リングに返り咲く日を胸に

清水に戻ってからの生活は、生活と串田ジムでのトレーニングのいわば二足のわらじ、だった。

袴田の生活は、串田の紹介もあって清水市内のキャバレー「太陽」のボーイで支えられた。

キャバレーのボーイというのは客に飲み物やつまみものを運ぶことではない。そういうこともするにはするがボーイなる者の重要な仕事というのは、すなわち用心棒である。キャバレーの客はホステスが目当てである。おいしい酒や料理を楽しみに来ている客など皆無だ。ひたすら女性を求めて店にやってくる。こういう店でトラブルが起きないわけはない。そういうややこしい客をたしなめたり、体よく追い払ったり、時には店の裏まで首根っこを摑んで引きずり出す。店にまとわりつく地回りどもを追い払う、時にはやくざ者相手に立ちまわることもあろう。

ボクサーだった袴田は店にとってうってつけだった。ボーイとして客の前にかしずいていても、常にあたりに目を配らなければならない。女性の嬌声《きょうせい》があがるたびにその席に駆け付ける。

「お客さん、困りますね、そういうことをなさっては」袴田は、酔客に向かって丁重に言う。それで収まらない客には、「ちょっと、こちらへ」

つい先日までプロボクサー、それもファイターで鳴らした袴田である。客との格差は歴然としていた。大いに怪気炎を上げていた客も、袴田が登場したとたんにまるで蛇に睨《にら》まれたカエルのごとくすくみ上る。

キャバレー「太陽」での袴田は優秀なボーイだった。

そういう生活の中で袴田はプロボクサーへの返り咲きを期していた。キャバレーの勤めに出るまでは串田ジムでのトレーニングに勤しんだ。黙々とシャドーボクシングをして、スパーリング、そして三保の松原、清水港の脇から巴川《ともえ》沿いに走る。いつだって袴田は一人黙ってトレーニングをこなす。

昭和37年（1962）の袴田の生活は、キャバレー「太陽」のボーイと串田ジムでのトレーニング、これで塗りつぶされた。

「袴田さん、あんたよく働くな。プロに戻りてえら。がんばれよ」

「太陽」の出入り酒販業者と親しくなった。酒販業者はNという人だった。陰ひなたなく一生懸命働く袴田を酒販業者は高く買っていた。その業者は袴田がプロボクサーだったことももちろん知っていた。

ある時、酒販業者が耳寄りな話を持ってくる。

「巴川沿いの店、うん、オレが持っているキャバレーなんだけどな、どうもね、パッとしねえら。そんで誰かに居ぬきで任せたい、って思っているんだ。まじめな人がいい、あんた、やってみちゃどうら」

袴田にとっては何よりの話だった。いつまでもボーイでもないし、店を持つということはいわば一国一城の主だ。袴田はその時27歳になっていた。そろそろ何かで一旗揚げなければ、とも思っていたところだ。

清水市の巴川沿い、静岡鉄道新清水駅から３００ｍほどのところにあった戸建ての店のマネージャーとして経営者になった。

店の名前は「暖流」とした。

そのころ昭和35年（１９６０）頃からのことだが、キャバレーは風俗界の牽引車だった。比較的大きなフロアを持ち、大勢のホステスが在籍している。キャバレー太郎などと異名をとった福富太郎がキャバレーチェーンを繰り広げていったのもこの時代である。全国いたるところにキャバレーができていた。

袴田が任せられた「暖流」もそんな店の一つである。昭和38年（１９６３）11月、袴田が経営する「暖流」は新装開店した。

袴田は店を始めてすぐにその店のホステスだった女性と結婚した。生活の基盤ができ始めていた。

ところが店の経営の方は芳《かんば》しいという状況ではなかった。キャバレーブームの時代ではあったが、なにしろ客が来ないのだ。いつも開店休業のようなありさまだった。店の場所が悪かったのかもしれない。経費ばかりかかってしょうがない。テコ入れしようたってその資金だっておいそれとは調達できない。プロボクサーで稼いだカネはとうに底をつている。

それでも袴田は踏ん張っていた。持ち前の何事も諦めない性格が店を投げ出さないでいた。打たれても打たれても、前に、の精神である。

不当な鉄鎖《てっさ》との対決

無理をしてでも店を続けたのには理由があった。

店を始めて約一年後、昭和39年（１９６４）10月、袴田に長男が授けられたのだ。

一方、店の経営は限界に来ていた。しかし、息子が生まれた以上、おいそれとやめるわけにはいかない。袴田の責任感が店への執着に直結した。

息子の誕生は、袴田にとってそれこそ神から与えられた喜びだった。袴田はこの子のためにも店を続けていかなければならないと自分を叱咤《しった》した。ずっとあとのことだが、袴田は、この息子に対してチャン（オヤジ）の思いを日記に認めている。

〈息子よ、どうか直ぐ清く勇気ある人間に育つように。

すべて恐れることはない。そしてお前の友だちからお前のお父さんはどうしているのだと聞かれたら、こう答えるが良い。

僕の父は不当な鉄鎖と対決しているのだ。古く野蛮な思惑を押し通そうとする、この時代を象徴する古ぼけた鉄鎖と対決しながら、たくさんの悪魔が死んでいった、その場所で（正義の偉大さを具現しながら）不当な鉄鎖を打ち砕く時まで闘うのだ。
息子よ、お前が正しいことに力を注ぎ、苦労の多く冷たい社会を反面教師として生きていれば、遠くない将来にチャンは、懐かしいお前の所に健康な姿で帰っていくであろう。
そして必ず証明してあげよう。お前のチャンは決して人を殺していないし、一番それを知っているのが警察であって、一番申し訳なく思っているのが裁判官であることを。チャンはこの鉄鎖を断ち切ってお前のいるところに帰っていくよ。〉
（1983年2月の日記　袴田巖さんの再審を求める会HPより抜粋引用）

袴田は、息子誕生から1年10か月後の昭和41年（1966）8月18日、清水署に逮捕されている。息子と一緒にいたのはわずかこの1年10か月だけである。つまり袴田は息子のことは、赤ん坊の時しか知らないのである。1歳10か月といえばまだ言葉も満足に話せはしない。
それでもこの文面を見ても息子がいとおしくてたまらない思いが伝わってくる。それでいて獄中にいる自分が息子に何もできない歯がゆさ。この心の葛藤は袴田にとって耐えがたい痛みだったに違いない。まさしく煉獄《れんごく》の苦しみである。

袴田はキャバレー「暖流」の経営がうまくいかず、昭和40年（1965）1月には断腸の思いで店をたたむ。「暖流」は結局、1年しかもたなかった。水商売の難しさを思い知った。

その「暖流」は今でもその一片を留めている。川沿いのしもた屋。店名は変わってしまっているが、やっぱりそこは飲み屋である。

プロボクサーをやめてから、袴田は「太陽」のボーイとなり、しばらくして「暖流」をまかせられて、結婚し、子供に恵まれる。しかし、なにかくすぶっている印象である。この間、何一つはっきりした足跡を残していない。

袴田は自分の生きる道を見つけ出そうと懸命になっていたのだ。足掻いていたといっていい。

もちろん結婚もし、子供だってできた。それでもあのプロボクサー2年目の時のような、あの固いものを噛んだ時に感じる強い歯ごたえのような実感。清水に戻ってきてからはそんな実感は得られていない。

「暖流」を閉じた袴田はどこかに勤めるべく動き出す。

その時、妻はもういない。「暖流」のホステスだった妻は、店が商売あがったりの様子を見てとるや、出奔《しゅっぽん》してしまった。冷たい細君だな、と呆れるところだが貧乏やら借金やらは夫婦のきずなを意外に簡単に破壊してしまう。

この元妻に対していささか気になる表記を目にした。

それは警察資料である。静岡県警に残されていた捜査報告書（昭和43年　1968
2月印刷）にこうある。


「暖流」等のバーをやっていたころは家族三人で暮らしていたが妻××（※資料は実名）に嫉妬から乱暴するようになったため××は情夫とともに家出してしまった（※傍点筆者）。

この文書は相当、悪意がある。そもそも袴田は妻に情夫がいたなどということは知らない。袴田の性格から考えてもその時、妻の浮気にまで目が行き届いていたとは到底思えない。不振の「暖流」経営にてんやわんやだったのである。いくら新婚といっても妻の浮気などに気を患わせている場合じゃないのだ。そんな時に嫉妬で妻に暴力を振るうことは考えられない。

ちなみにだが、同じ警察の報告書には、こんなことも書かれていた。

袴田が競輪、マージャンに凝って浪費したため～。

要は「暖流」がつぶれてしまったのは袴田のギャンブルへの浪費が原因だ、と言わしめているのである。

これは明らかに事実と違う。

袴田は、ギャンブルには手を出さなかった。この報告書の表記は明らかに警察の悪意である。

袴田は悪い人間だ、ということ報告書によって印象付けなければならない。そのためには捏造でも歪曲でも何でもありなのだ。

妻は結局、長男を産んだだけで袴田のもとを離れてしまった。そのあと、わずかな期間だが、袴田は〝主夫〟生活をしていた。誰一人そんな袴田に憐憫《れんびん》をかける者はいなかった。誰もが多かれ少なかれ問題を抱え込んでいるのである。お互いにシンパシーを感じあう暇も時間も余裕すらないのだ。戦後10年～15年頃はまだ高度成長時代に入っていない。誰もかれも自分のことに忙しかった。

昭和というのは、そんな時代だったのだ。今になって懐かしがっているだけの時代じゃない。

せわしく、汚く、臭く、そしてなんといってもやかましい、そんな時代なのだ、昭和というのは。

袴田に次の就職先を見つけてきてくれたのも、やっぱり酒販会社のおやじだった。この人はよほど袴田という人間性というべきかキャラクターが気に入っていたに違いない。誰もが他人のことを顧《かえり》みることのない時代に、袴田の世話は驚くほどしている。

昭和40年になって「暖流」をたたんでから、酒販会社のおやじが袴田の就職先を見つけてきた。清水市内にある、「こがね味噌」というみそメーカーである。袴田は、これまで全く経験のない場所で働くことに戸惑いを見せたものの、とりもなおさずこの工場内にある〝寮〟のようなところに住み込んだ。

昭和41年（1966）1月のことである。

長男はその時、まだ乳児のため浜松の姉秀子に預けられていた。妻が出て行ったので致し方ない。

人間の運命なんて本当に一寸先は闇で、そして五里霧中で、先のことなんか何もわからない。

今となっては、袴田はどうしてそんなところに勤めたのだろう、などという声もあろうが、それは袴田にとって、まさしくやむを得ないことだったのだ。そう、やむを得なかったのだ。食っていかなければならないのである。

袴田にはまだボクシングに戻る思いがあった。リングに立つ希望を持っていた。こがね味噌に住み込みで勤めていても、時折り串田ジムに行って黙ってトレーニングに励んでいた。

ボクサー袴田が、おいそれとボクシングへの野望を捨てるわけはない。

6月30日、忌まわしい事件が起きた。

袴田はその夜、こがね味噌の従業員寮のような場所で欲も得もなく眠りこけていた。深い眠りにふけっている人間が一家4人を刺殺し、その上逃げられないように緊縛《きんばく》し、家にガソリンをかけて火をつける。

そんなことができるわけがないことは、それこそ幼稚園に入る前の幼児でもわかる。

ボクサーの精神と偏見と冤罪のはざまで

日本プロボクシング協会に電話をかけた。

「袴田さんの支援を協会でなさっていますが、そのことについて会長にお話をお伺いしたいのですが」

協会はこう応じた。

「協会ももちろん（袴田を）支援しておりますが、川崎新田《にった》ジムの会長にお話をお聞きになりましたか？」

「新田？」

「はい、それでしたら新田会長のお話をお聞きになって、そのあと（協会から）お話させていただく、そういう順序でお願いします」

袴田への支援活動は新田会長がリーダーシップを執って行われていることをこの電話で知った。

さっそく、新田が会長を務める川崎新田ジムに足を向けた。

新田はボクサーらしからぬ柔和な表情で話しを始めた。

「ぼくが袴田さんの支援活動をし始めたのは、20年くらい前からです。やるからには徹底してやらなければ気が済まない。それこそ、ボクシングと同じくらい（支援活動に）に打ち込みました」

新田渉世《しょうせい》は、昭和42年（1967）6月26日生。神奈川県秦野市出身。生涯戦績は、34戦23勝（17ＫＯ）9敗2分。強い。34勝のうち半分の17がＫＯである。これは強い。

第31代東洋太平洋バンタム級王者である。

戦績を見るとプロデビュー戦からいきなり6連勝である。プロデビューから強いのだ。

新田についてなによりも増して目を惹《ひ》くのが学歴である。

ボクシングと学歴というのはなんとなくそぐわない感じでもあるのだが、新田の場合付記せずにはおれない。なにしろ最終学歴が横浜国立大学教育学部なのである。異色というべきか稀有というべきか。学卒でもそんじょそこらの大学じゃないところがこの人のキャラクターを際立たせている。国立大学卒のチャンピオンなのである。加えていうならば、新田は大学在学中にプロ入りしている。よほど強かったのだろう。

新田は袴田の救援活動に心血を注ぎこんだ。

「2005年ですか、うちのジムの者が（袴田のことを）教えてくれたんです。〝（新田）会長、（袴田のことを）知っていますか？〟という感じで、ね」

新田の性格なのか、それは地でもあろう。いつだって恬淡《てんたん》としている。どんな話でも決して力むことなく肩の力を抜いて自然体で話す。聞いている方は同じように自然に新田の話に聞き入ることになる。

「僕は（袴田のことは）正直、知らなかった。聞いてびっくりしました。その時すでに袴田さんは死刑囚でした。いつ来るかもしれない執行の時を待っている人がこの世にいるということがまず信じられない思いでした」

新田の話は続く。

「そういう人が元プロボクサーだったということも信じられなかった。ボクシングを生業《なりわい》としていた人がそんな罪業《ざいごう》を犯すはずはない、と思ったのです。ボクシングというのは、一人リングに立って相手と闘う。よほどの精神力がないことにはボクシングなどできません。多少のカネのために人を殺すなどという我慢が利かないというか、精神の歯止めがないような犯罪を元プロボクサーが犯すとは考えられない。

話を聞いてみると袴田さんは、逮捕されてから一貫して犯行を否認しているという。死刑囚になっても〝自分はやっていない〟と言い続けているという。私は袴田さんを信じました。その時は、会ってもいない袴田さんですが、私は袴田さんが冤罪であることを確信しましたね」

「警察は言うでしょう。（袴田は）ボクサーくずれだと。ボクサーくずれというのは明らかに偏見に満ちた言葉です。ボクシングをやったことのない人間が言う悪意から出た見方です」

袴田が逮捕された時、確かに警察は袴田のことを〝ボクサーくずれ〟と言っている。それは当時の新聞報道でも同じだ。あたかもボクサーだった人間は悪いことをするし、して当たり前だ、と言わんばかりの表現である。

新田はそれを言下に否定する。

「ボクシングをやったことのない人間は、やったことのある者だけが持つ強い精神力

日本プロボクシング協会は大橋元会長、世界チャンピオンになったばかりの井上尚弥（秀子さんの左上）をはじめ、多くのチャンピオンたちが冤罪と闘う袴田巖を応援した。（写真は袴田がボクシング名誉王者として表彰された記念写真／2014年5月19日、後楽園ホールにて）

冤罪《えんざい》支援活動に心血注いで取り組んだ日本プロボクシング協会理事で、川崎新田ジム会長の新田渉世。

やひとりで戦う力を持っていることを知らない。だから、ただ野蛮なスポーツをやっている人間は狂暴であり粗暴であると思い込む」と。

これはとても説得力がある。新田は袴田が冤罪だという確信のもとに、それまで知らなかったボクサー袴田のことを改めて見つめなおす。

「袴田さんのプロ時代の戦績を探しました。不二拳がなくなってしまったので資料が散逸しているんです。（不二拳）ジムの継承がなかったのでそれは致し方のないことなんですが、それでも探したら破棄寸前の資料の束の中に袴田さんの戦績を綴《つづ》った紙があった」

その貴重な資料は新田から提供されている。

「そこには袴田さんのプロ時代の足跡が正確に刻まれていました。一見して、素晴らしい先輩ボクサーだったんだなあ、と思いましたね。それで、なおさら袴田さんが冤罪であることを確信したんです。その袴田さんが死刑にされかかっている、もしかして今日にも明日にも（死刑が）執行されてしまうんじゃないか、そう思うと居ても立ってもいられない気持ちになった。何よりも（袴田救済を）急がなければならない、それにはどうしたらいい、気持ちは焦るばかりで行動が追い付かない。焦りの日々でした」

新田の思いは多くのボクシング関係者を動かし、やがて袴田の冤罪を晴らす原動力になっていくわけだが、その時の新田が感じた焦燥感はそれこそ身を焦がすようなものだったはずだ。

新田は自分のブログにこう書いている。

我々がこのような活動を続ける理由のひとつは「袴田さんに元気になってもらいたい」という思いです。そしてもうひとつは「再審無罪を勝ち取らなければ袴田さんは〝死刑囚〟のまま社会保障さえ受けられない」という事を多くの人に伝えるためです。

（川崎新田ジムブログ２０１５年10月７日より抜粋引用）

新田は袴田事件に通底していたボクサーあるいはボクシングに対する偏見を覆さなければならないと考えた。

こんな記述がある。

人権コラム（第28回）袴田事件から考えよう

人権コラム第28回を担当する人権・地域教育課です。

１９６６年に静岡県清水市でみそ製造会社専務の一家４人が殺害される事件が発生しました。（中略）

「袴田事件」については「ボクサー崩れ」という偏見に基づく捜査で袴田さんが逮捕されたのではないかという事が指摘されています。２００３年にボクシングジムを開かれた元プロボクサーの新田渉世さんは、例えば不動産業者の仲介による物件探しにも関わらず、ボクシングジムのためと分かると、10件以上の大家さんから断られた経験があるそうです。しかも、物件はその後も空いたまま…。このころは袴田さんのような「ボクサー崩れ」という言葉はなかったそうですが、ボクサーといえば不良や反社のイメージがあったそうです。（後略）

これは、奈良県橿原《かしはら》市の人権・地域教育課によるコラムである。これがいつ書かれたものかは不明だが、袴田やボクサーに対する偏見というものにきちんとスポットを当て、問題の在りかを明確にしている。これが袴田事件という冤罪事件の真相であろう。

図らずも新田の名前も出てきているが、新田は袴田救済活動を通して、このコラムにも書かれている問題を明らかにしようとしたのだ。

死刑囚だけのフロア

また、日本プロボクシング協会のバックアップにより現役人気ボクサーたちも袴田巖の無実を訴えて立ち上がった。

2014年10月には、WBC世界ライトフライ級チャンピオン井上尚弥（現世界スーパーバンタム級4団体統一王者）、WBC世界スーパーフェザー級チャンピオンの内山高志らをはじめ、現役世界王者や、元世界王者などが即時抗告を取り下げるよう、行動に出た。また彼らによって支援のクラウドファンディングまで開始され、支援の輪が広がっていった。

新田から聞いた話でこんなエピソードがある。

「袴田さんの無罪を信じて私は何度も小菅（東京拘置所）に通いました。けれど死刑囚には弁護士か家族しか会えないんです。そのことがわかっていても私は諦めずに小菅を訪ねました。袴田巖という先輩ボクサーに会って話をしたかった。ボクシングの話をしたかったのです。事件のことは端《はな》から袴田さんがやったことじゃない、と信じていましたから（袴田と）会っても（事件の）話はする必要もない。何のかかわりもない袴田さんに（事件のことを）聞くのは意味がないことです。けれど、何度行っても袴田さんには会えませんでした」

「ところがですね、ある時、小菅に行ったら受付の人の態度が違うんです。それでね、『10階に行ってください』と言われたんですよ。あっけにとられていたら『10階ですよ』とうながされた。私はひとりエレベーターで10階に上がりました。エレベーターのドアが開くとスーっと向こうに廊下が伸びているんです。なんだか宇宙か異次元へのエントランスのようでした。あとでわかったんですがあれは渡り廊下だったんです。そこをひとりで歩いていくんです。その先にまたドアがある。私が近づくとまたスーっと開くんです。別世界への入り口と思いましたね。そうなんです、小菅（東京拘置所）の10階は死刑囚だけが収容されているフロアなんです。私はそこで初めて袴田さんと会いました。時間はほんのわずかですがボクシングの話をしました」

「これもあとでわかったことですが、私がその日訪ねた日のちょっと前に法律が変わって、死刑囚にも会える人の範囲が拡大されたんですね。わたしはそれで死刑囚袴田さんに会えるようになったのです」

新田は袴田とはボクシングのことだけを話す。それ以外のことは何も話さない。ボクサー袴田のことを最上級に敬《うやま》っているのだ。袴田はボクサーであってそのほかの何者でもない。そのことを新田は知悉《ちしつ》している。

映画監督笠井千晶が撮った『拳と祈り』のワンシーン。2014年静岡地裁において再審が開始され、袴田は47年7か月ぶりに自由の身となった袴田と新田がどこかの公園で会っているシーンが出てくる。

この時、新田は袴田に袴田が現役当時使っていたグローブを渡す。今より一回り以上の大きく見えるグローブだ。

映画の中でもそのグローブは大きく見えた。とてもグローブには見えずそれはなんだか大きめの風船のように見えた。

見ていて驚いたのは、その時の袴田が雄弁だったこと。新田はかたわらでニコニコしながらそれを聞いていた。とてもいい〝図〟である。

定かではないが、その時袴田は、相手がこういうふうに出てきたら、こうやってガードして、こうやってパンチを繰り出す、試合に勝つためには足を鍛えなければいけない、というようなことを身振り手振り交え話していた。袴田は決してベンチに座って話さない。グローブを渡された時も立ったままだった。袴田は本当に熱心にボクシングのことを語っていた。

映画の中でもこのシーンは出色だった。ボクサー袴田がむき出しになっていた。

あの時袴田は誰との試合を思い出していたのだろう。それを夢想すると楽しくなってくる。袴田にとってどの試合が一番心に残っているのか。

アマチュア時代の戦績
15戦8勝（7KO）7敗
プロ時代の戦績
29戦16勝（1KO）10敗3分

このうち袴田が一番心に残った試合はどれだったのか。

それは袴田の心の中にあって誰も触れることはできない。

しかし、わたしたちにはそれを想像することは許されている。想像の自由は楽しむべきだ。

ボクサー袴田が、誰を相手にどんな試合をしてきたのか。その試合でどんな動きをし、表情を見せたのか。どこかに記録があるならば、それを精巧な顕微鏡を使ってでもつぶさに見たい。袴田はアマ、プロ通して、判定の結果負けても、ノックダウンされたことは一度もなかった。ディフェンスがうまかった。

これは袴田というボクサーの評価を押し上げている。バンタム級6位が最高位だったというだけでは、このボクサーの真価は決して量れない。

ボクサー袴田は極限の状態にあってもくじけなかった。それはきっと袴田が真のボクサーだったからだ。

袴田はどうして、どのようにしてかくも過酷な年月を耐え、無罪を勝ち取り、今を得たのか。

ボクサーだったからなのか、元来、強靭《きょうじん》だった精神性をボクシングをしていたことによって補強されたのか。卵が先か、鶏が先か。

それは袴田自身もわからないことなのかもしれない。きっとわからないであろう。誰にもわからないことなのだ。

わかったところでどうってことはない。


サイモンとガーファンクルに『ボクサー』という楽曲がある。1969年3月に発表されるや、たちまちヒットチャートを駆け上がった。そして、『ボクサー』は彼らの代表曲の一つとなった。

この曲で歌われる歌詞はこんなふうだったと記憶している。


ボクサーの〝彼〟は、闘うことが仕事。いつだって心も身体も傷ついている。身体の傷も痛みもおいそれとは癒やされはしない。だからこんなにもつらく悲しいボクシングなんてやめちまおう、と思っている。

けれども〝彼〟は決してボクシングをやめることはしない。リングの上で闘い続けるんだ。

袴田もきっと〝彼〟と同じ心境だったに違いない。体の傷が疼こうが心の痛みに耐えかねることがあろうが、誰も助けてくれる者はいない。

ボクシングはどんな時でも一人きりでこなさなければならないスポーツなのだ。読んで字のごとく〝拳闘〟なのである。〝拳闘〟の拳は誰のものでもない、自分のものだ。他人の拳を使うことはできない。

袴田はそのことを百も承知だった。嫌気がさして、それが高じてボクシングをやめようといったんリングの外に足を出してみようとするが、やっぱり踵《きびす》を返してリングの上で相手と拳を合わせる。『ボクサー』の〝彼〟のように。

こうした葛藤を袴田はいくども繰り返してきたはずだ。その経験の積み重ねが袴田に強靭な精神力を植え付けたに違いない。

こんな心理はボクサーにしかわからないことなのだろう。

アートのような一枚だ。

フィリピンボクサーを相手に宣伝用スチールを撮った。場所はおそらく後楽園ホールであろう。

第5章

そして、帰ってきた

浜松にて袴田巌に会う

松の内が明けて袴田巌に会った。

浜松は少しばかり風はあったが晴れていた。

午後の日がたっぷりと入る南向きリビングに袴田は足を投げ出して座っていた。ぼんやりしてはいない。腹の前で十本の指を組み、じっと物思いにふけっているような様子である。テレビはついていたが袴田の目はそこに向けられていない。ただ、今ある現実をそのまま受け入れている。

これが袴田の常態なのだろう。すべてが自然体なのだ。


わたしは新田から提供された袴田の戦績表を差し出した。袴田は、それを受けとってまるで新聞の見出しを見ていくように眺めていたが、やがて食い入るように見入り出す。

「袴田さん、この中で誰との試合を覚えていますか？」

袴田はそれには答えない。じっと見入っている。

「川口、島村、斎藤……。どうですか？」

じっと考え込んでいる。

同席していた姉の秀子が口を添える。

「よくこんなものあったね、川口、島村、おぼえてる？」

袴田に反応はない。

「太郎浦（一）はどうでしょう？」

その時、袴田の表情が変わった。

「うん、いたね。（太郎浦と試合を）やったね」

袴田は太郎浦一のことをおぼえていた。太郎浦は前述したように写真もある。変わった名前だけの選手ではなく、実力もあった。太郎浦のことは袴田は確かにおぼえていた。

太郎浦との一戦は、昭和35年（１９６０）1月13日、後楽園ジムで行われている。４回戦。この試合、袴田は３ラウンド44秒、ＴＫＯ勝ち。

当時名の知れたボクサーとの勝負に勝ったのだ。それもＴＫＯ（テクニカルノックアウト）で、袴田はプロになってまだ半年も経っていない。

袴田にとってこの試合は結果とともによほど心に刻まれたのだ。

太郎浦一は、昭和16年（１９４１）５月１日生、佐賀県多久市出身。戦績は、61試合36勝（１ＫＯ）15敗10分である。

獲得したタイトルは、１９６０年度全日本バンタム級新人王、チャンピオンスカウトA級トーナメントバンタム級優勝、初代日本スーパーバンタム級チャンピオン。確かに有名ボクサーだったはずである。

太郎浦は、いずれも敗れてはいるが、世界チャンピオンのファイティング原田や海老原博幸とも対戦している。歴戦のつわものだったのだ。

袴田が自分の戦績を見て最初に反応したのが、太郎浦一だった。

その時、秀子が、「こんなのがあるのよ」、と言って別の部屋から持ち出してきたものがある。

縦80センチ横40センチ大のポスターをパネルにしたものである。

それは、昭和36年（１９６１）５月３日、札幌中島スポーツセンターで開催されたイベントのＰＲポスターである。

名ボクサーで人気が高かった全日本フェザー級チャンピオンの高山一夫とエキシビションで闘った袴田巌。このポスターを姉秀子は家宝として大事にしまっている。（昭和36年・1961年5月3日札幌中島スポーツセンターにて開催された試合）

前述したように、この日、このイベントで袴田はハードパンチャーの高山一夫とのエキシビションに臨んだ。

高山一夫　対　袴田巌

ポスターにはEX４Rと大きく書かれている。この日の札幌のボクシングファンはさぞや喜んだに違いない。

よく見るとこのイベントの主催者は、北海タイムスとなっている。今は無き北海道の地方紙である。平成10年（１９９８）に廃刊となったが、一時は道新こと北海道新聞（北海道新聞はブロック紙と呼ばれている）に肩を並べるような時期もあったという。このイベントの時がそういう時期だったのかもしれない。

このイベントは今から64年も前のことである。よくそんな前のポスターが残っていたな、と感心する。

「これね、ある人からプレゼントされたの。ね、ここに巌の名前があるでしょう？　まあよくこんな前のポスターが残っていたこと」

秀子はニコニコして言う。袴田のボクシング時代の足跡がこういう形で残っていることが誇らしい、そんな思いが素直に出ている。

この試合はエキシビションだけに勝敗はつかない。袴田を振り返るとポスターには関心を示していない。やっぱり、自分の戦績表を睨みつけている。袴田は何が気になっているのか。

「札幌で（試合を）したんだよね？　憶えてる？」

秀子のその問いに袴田は機械的に、「うん、うん」と口の中で答えている。

浜松駅からさほど離れていないのに周りは閑静ともいえるような住宅地である。午後の穏やかな陽光が袴田の横顔に当たっている。実に平穏である。

一匹の赤褐色の足を持った大型の猫がキッチンの方からゆっくりと部屋に入ってくる。光が差し込む出窓に上がって寝そべる。猫はやがて出窓から降りて袴田が投げだしている両足の上に登る。

袴田はかまわない。撫でたり足を組み替えたりもしない。猫は袴田の足の上を行き交う。器用なものだ。

それにしても穏やかな午後である。

袴田の獄中約48年を考え、今のこの平穏を考える。文字通り、天国と地獄である。

猫は袴田が履いている紺色のジャージに自分の金色っぽい抜け毛をたくさん残し、キッチンの方に向かって部屋を出て行った。

もの憂《う》い昼下がり。


「そういえば、有田さんに会ってきましたよ」

おもむろに言った。

袴田は何も答えない。

「袴田さんのことを、『あいつはいいボクサーだった』と言ってましたよ」

やっぱり袴田は黙っている。

「有田さん？」秀子がいう。

「ええ、不二拳の袴田さんのトレーナーだった有田さん、です」

「東京だね」

「はい、テントを創る会社の社長さんです」

「もう90（歳）は越えている？」

有田は96歳だ。秀子は有田のことは知っていた。

袴田に不二拳の主宰者、岡本不二のことを尋ねたが、「うーん」と言ったきり黙ってしまった。

「岡本さんは、ピストン堀口を育てたんですよね？　ピストン堀口」

その時、袴田は、はっきりと

「そうです、そうです。堀口、ね」

と答えた。

ピストン堀口は岡本不二に師事したから袴田にとっては同門の先輩である。しかし、堀口は昭和25年（１９５０）に不慮の事故で落命している。

堀口と袴田は同門といえども直接会ったことはない。それでも袴田は岡本よりもまた有田よりも堀口の名前に強い関心を示した。袴田は堀口のファンだったのかもしれない。

そういえば、打たれても打たれても前に出るファイターとして二人は同タイプのボクサーである。

「袴田さん、不二拳に入る前は串田昇さんのジムにいらっしゃったんですね。清水（市）にあったんですね？　串田ジム」

「串田、いたね」。袴田は答える。

「あ、あと勝又（行雄）さんの息子さんにも会いました。勝又さん、袴田さんと一緒に不二拳に入った」

「うん、うん、勝又」袴田はかすかに頷く。

「勝又さん、串田ジムに一緒にいた。静岡の人だったら」秀子が応える。

「もともと静岡の出なんですが、（勝又行雄は）熊本で生まれたそうです。熊本の自衛隊でボクシング始めたと聞きました。それで自衛隊やめて静岡に戻ってきて」

「串田ジムに入ったのね」

「そこで袴田さんと一緒になったんですね」

袴田は、「うん、うん」、と頷く。

キッチンにいたはずの猫が戻ってきた。部屋の温度は適温で心地いい。袴田はすっかり安穏な気持ちでいるようだった。その2本の足に猫が乗っかる。巧みなものだ。まるで出初式《でぞめしき》で木遣《きや》りを披露する消防団員のようである。一方、乗られている袴田は身じろぎしない。

「袴田さん、勝又さんとはフィリピンに一緒に行かれたんですよね。ここにも書いています。昭和36年4月19日。マニラ。マーシング・デビッドというボクサーと試合してますね」

袴田の表情は動かない。フィリピン、マニラ、マーシング・デビッド。大きな反応はない。

かまわず続けた。

「勝又さんの息子さんに会いました。フィリピン遠征の時の写真をお持ちでした。袴田さんも映っていましたよ。カッコよかったな」

秀子が言う。

「フィリピン、行ったんだよね？」

袴田はじっと聞いている。返答がない。

マニラ遠征は袴田にとっていい記憶がなかったのかもしれない。

マーシング・デビッドとの試合10回戦は、判定結果が出ていないもののＬ（Ｌｏｓｔ）、つまり負けとなっている。

その次の試合が札幌での高山一夫との試合である。東京を離れてマニラ、札幌と遠征している。いずれも袴田の印象に残っているかと思ったが、そうではないようだ。

ただ、袴田はそれらの試合について、決して記憶の外に放り出しているわけではない。それは袴田の目を見ればわかる。袴田にとって記憶の色が薄くなっているだけのことなのだ。

記憶の濃淡は誰にもある。なんといっても袴田は当事者である。他人が勝手にこの試合は袴田の記憶に深く刻まれているだろう、などと推察してもそれは的外れなのだ。

秀子に静岡国体のことを聞いてみる。

「あれ、私行ったわよ。昭和33年、いや、32年（1957）か。（自宅の）近くだったからね。お城（浜松城）の近くの市民プールにリングが造られてね、家はすぐそこだもん、駆けつけましたよ、会場に」

袴田の実家は浜松城のそばにあった。国体のボクシング会場が浜松市民プールに設営されたというのは、先の行政書士の記憶通りである。

秀子は袴田の試合を観に会場に行ったのだ。

「あの試合、誰とやったのか、結果はどうだったかはすっかり忘れてしまいましたが、ハハハハッ」

左より袴田・林マネージャー・勝又・福地。不二拳ジムの黄金期を支えた。

マニラでの公開スパーリング。中央が袴田巌。ヘッドギアの奥で精悍な眼光を放つ。

秀子はそこで手を打って笑い出した。

「あの試合で、巌がスリップしちゃってね、倒れちゃったの。ダウンじゃないのよ、すべって転んだの。それでね、私、思わず、『立てっー、立ち上げれー』って大きな声で叫んじゃったのよ。その声があんまり大きいものだから、観客席の人がみんな私を見るの。ハハハッ、大変でしょ」

確かに大変なことである。

これはまさに『あしたのジョー』の丹下段平そのものじゃないか。あの有名な段平（声・藤岡重慶《じゅうけい》）の叫び、「立てー、立つんだ、ジョー」、そのものである。

袴田の国体の試合で、スリップダウンした巌に、姉秀子が叫んだ。

袴田はその後の人生、いつだってこの姉の叫びを耳朶《じだ》から記憶の神髄に刻み込んでいたに違いない。

袴田にとってこの叫びは、一生涯の命綱になった。

袴田はきっと、どんなにつらい時も、絶望の淵に立たされた時も、秀子の「立ち上がれー」という叫びを頭の中で反芻《はんすう》させたに違いない。

ボクサーの顔に戻った時

「袴田さんは、どうしてボクシングをやろうと思ったんでしょう」

秀子に聞いてみた。

「どうしてだろう。中学卒業してね、気づいた時にはもう（ボクシングを）始めていたよ。中学卒業したんだから15（歳）だよね」

「身近にボクシングやっているような人がいたんですか？」

「いないよ。あのね、巌は勉強の方はあんまり成績良くなかったけどね、運動、うん、スポーツはね何でもできたんだよ。野球とかね。体動かすことはとっても得意だった。そういうんで、ボクシングをやろうと思ったんだよね、きっと。中学卒業して自動車工場に勤めながら、ボクシングやり始めたんだよ」

袴田が中学卒業したのは昭和27年（１９５２）。この年の5月、白井義男は日本初の世界チャンピオンになった。袴田が中学を卒業してすぐのことである。この時期の一致が袴田にボクシングを選ばせた、と推理するのは無理なことだろうか？

「白井義男さんが世界チャンピオンになりましたよね？　袴田さんは白井さんに憧れたんじゃないでしょうか？」

「ああ、白井さんね、チャンピオンになったよねぇ。あの時はずいぶん沸いたわね、あなた（著者のこと）生まれているかどうか知らないけど。さあ、どうなんでしょう、わからないねぇ」

秀子は終始ニコニコして話す。南向きの窓から入ってくる暖かい陽の光のようである。冬なのに、秀子の表情と声はどうしてこんなに温《ぬく》いのか。まるで冷めない温泉の湯を満たした湯たんぽのようである。

「そのころはね、浜松に（ボクシング）ジムが3つくらいあったのよ。それでね、巌は家から一番近いジムに自動車工場の仕事が終わってから熱心に通い出した。ジムっていうのはやっているの夜でしょ？　昼は働いたり学生さんだったりして、夜にジムに行ってトレーニングするのね。この人、そうしてました。まあ、熱心に、ね」

昼は懸命に働き、夜はジムでボクシングのトレーニングに精進する。姉秀子が、熱心に、と強調するくらいだから、袴田はそれは地道にまじめに一心不乱にそんな生活を送っていたのだろう。

「一生懸命トレーニングしていたからね、それで（静岡）国体の選手に選ばれたんだよ」

そこで、秀子の「立ち上がれーッ」が出るのだ。

「国体に出て自信つけて、本気でプロを目指すことにしたんだね。それから、浜松を出て清水に行きました。清水の串田（昇）さんのジムに入った。串田ジムで、本気になってプロになろうとしたんですよ。もちろん自動車工場やめて、住み込みで串田ジムに入ったんだ」

昭和32年（1957）に串田ジムに住み込みで入門したのだ。

かくして袴田は、本格的にプロボクサーへの道を歩み始める。

「そこに勝又（行雄）さんもいたんだね」

秀子は言う。

袴田はやっぱり自分の戦績表をじっと眺めている。秀子の話を通して、自分のボクシング史を思い出しているように見える。ただし、口は挟まない。表情は柔らかい。

「最近は足が思うように動かなくなってね。特にね、膝が痛むようなんだけどね」

投げ出されている袴田の両足を思わずマッサージした。何も考えずに自分の手が勝手に動いていた。ふくらはぎも向脛《むこうずね》も針金を束ねたような筋肉がきちんとついているように思えた。実際、そうなのだ。鍛え上げた足。膝も丹念に揉んでみる。袴田は何も言わない。

「足はやっぱり鍛えていたんですね。ボクシングをやる人はいつだって走っているでしょう?」

「あのね、ここに帰ってきたとき（※２０１４年再審開始となって袴田は刑務所を出て、浜松に帰ってきた）、毎日10時間も走ったんだよ。10時間。浜松中走り回っていたんです。やっぱりボクサーなんだね」

間違いなく袴田はボクサーなのだ。走って、下半身を鍛え上げ、次の試合のために減量する。いつだってボクサーの基本に忠実なのである。

それにしても一日10時間とは。

袴田のフットレストに投げ出された両足を力をこめて揉みながら、

「袴田さん、また走ってくださいね」と声をかけた。

その時である。

相変わらず戦績表を眺めていた袴田の目に光が走った。一点をじっと見ている。

表を見て、袴田の視線の先にある名前を確かめた。目の色が変わった袴田の視線の先は、山口鉄弥との一戦が書き込まれていた。

昭和36年（1961）3月29日後楽園ジムでの10回戦。

「山口、鉄弥、ですか」

「山口……。こいつはテイケンだったかな……」

袴田が言った。〝テイケン〟と聞こえたが、それが〝トウケン〟だったかもしれない。

「ここに、新和、と書いていますよ」

「〝新和〟、ジムだな」

袴田は、しばらくの間、山口鉄弥との対戦の欄を凝視していた。

目が違っていた。時には茫洋《ぼうよう》としていた表情がすっかり引き締まっていた。

ボクサーの目、ボクサーの顔だ。

袴田は、マニラ遠征もマーシング・デビッドも、華やかだったに違いない札幌のエキシビションにも、さしたる反応は示さなかった。

トレーナーだった有田のことも、〝兄貴分〟だったはずの勝又のことも同じような反応だった。

しかし、山口鉄弥は違っていた。明らかに強い反応を見せた。それは最初に反応があった太郎浦一の時よりももっと強いものだった。

言葉少なの袴田が思わずつぶやいた。「山口、こいつは確か……」、と。

耳を疑った。

袴田が今でも印象に残っている試合は山口鉄弥との一戦だったのではなかったか。

山口鉄弥をおさらいする。

昭和16年（1941）、生、出身は東京、墨田区本所太平町（現在の墨田区太平）。

「（山口鉄弥は）2歳の時に父親を亡くしているんだ。兄弟も多くてね、小学校の時から家のためには職業選ばずにカネを稼いでいた。小学生で家の大黒柱だよ。中学出て東京工業高校（※現在の日本工業大学駒場高校）というところに入ったんだけど、やめてね。やめた理由？　そう、ボクサーになるためだ」

古いボクシングファンはいう。

山口は、東京工業高校でいわば運命の人に出会う。それは体育教師だった。

「その体育の先生というのが、アマチュアだが元チャンピオンだったんだ。この先生にね、ボクシングを一から十まで教わるんだよ、山口は」

ボクシングに魅せられた山口は、その体育教師の紹介で、高校を中退、新和ジムに入門する。高校教師が高校中退をうながすということになったわけだが、それは山口にとっても大いに望むところだったたであろう。

新和ジムに入った山口は直ちに頭角を現し、デビュー第3戦からなんと19連勝という快挙を成し遂げる。

関光徳、天田和芳とともに、〝KOパンチャー三羽烏〟、とうたわれたことは前にも紹介した通り。166㎝のサウスポー。

袴田は山口との試合には負けた。判定結果は山口の圧勝だった。

しかし、袴田はこの山口との一戦に一番強い反応を見せた。それは、ボクサー袴田の片鱗《へんりん》を見せた瞬間だった。猛禽《もうきん》のような眼をした。袴田にとって強く記憶に残る試合だったのだ。

「ボクシングは厳の青春そのものだった」姉秀子

猫が袴田の足の上から床に降りた。秀子のそばを通り抜け、部屋の外に出ていく。

秀子は言う。

「ボクシングは巌の青春そのものだった。本当にそう思うの。けどねェ……」

静かな昼下がり。ゆっくりと時間が流れていく。

「ボクシングは巌にいやなものも連れてきた。ボクシングさえしてなければ、警察は巌を疑わなかったでしょう。あの頃はあったの、そんな偏見が。ボクシングをしている奴は不良だの、やくざ者だのって、そういう時代だった。

警察は（袴田のことを）ボクサー崩れだから（袴田が犯人だ）って言った。決めつけた。ホント、偏見だわよね」

お粗末な偏見が、よってたかってひとりのボクサーの人生を破壊してしまった。

「ボクシングというのはそんなスポーツじゃないのよ。だってひとりで相手と闘うんだもの。チームじゃない。一人きり。誰も助けちゃくれない。少しでも甘ったれたら倒されるんですよ。中途半端な気持ちの者ができるスポーツじゃない。そういうこと警察でもなんでも知らなかったんだねえ。知っていたらボクサー崩れだなんて言えないもの」

秀子はだからと言って袴田がボクシングで青春時代を費やし、終生、ボクサーであることを悔いる気配は微塵《みじん》もない。

〝ボクサー崩れ〟というイヤな響きをもつ偏見というのはいったい何なのか。

ボクシングをする、あるいはしていた人間がどうして偏見の対象になるのだろう。

警察が言ったという、〝（袴田は）ボクサー崩れだから（犯人なのだ）な〟という思い込みは何に基づいているのだろう。

ボクシングをする人は、人を殴ることにためらいがないと思っているのだろうか。殴るのと同じように人を殺《あや》めると思っているのだろうか。思っている。だから、あいつは犯人だ。

まさか、冗談じゃない。

ではなぜ、われわれ戦後日本人は白井義男が世界チャンピオンになった時にあれほど驚喜したのか。

もし、ボクシングをしている人に対する偏見があるならば、なぜ、白井のことをあれほど英雄視したのだろうか？　そこにはボクシングに対する偏見など一分一厘だって見受けられない。

それでは何故偏見は生まれる？

チャンピオンにならなければ、ボクサー崩れといわれ、後ろ指をさされなければならなくなるのか。冗談じゃない。

ボクシングはそんなものじゃないはずだ。

袴田は正真正銘ボクサーである。それだけはハッキリしている。ボクサー崩れなどではない。

そして、ボクシングをする人でボクサー崩れなど誰一人いないのだ。

秀子も言っている。

「ボクシングは中途半端な気持ちでできるスポーツじゃない」と。「一人きりで闘う強い精神力を持った者がするスポーツ」だと。

然り、だ。

「ボクシングは厳の青春そのものだもの」

ああ、袴田には秀子という名セコンドがいるのだ。

「あのね、午後はドライブに行くのよ、最近は。今はランニングじゃなくて、ドライブ。今はもう走らないの。ハハハッ」

それでも袴田の足は鍛えられて、今でも無駄な脂肪はついていない。ボクシングのト

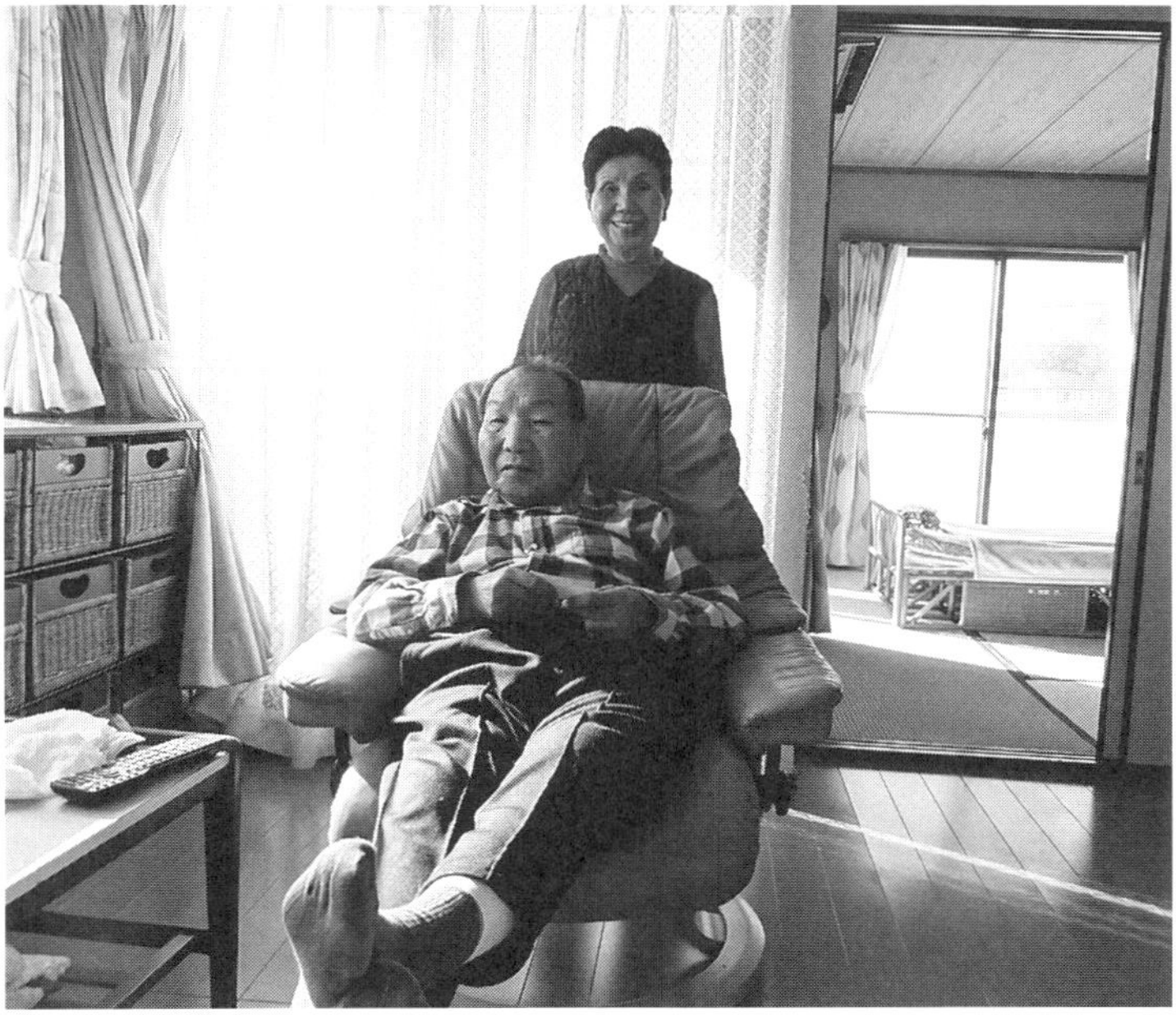

2015年1月9日、袴田家の昼下がり。おだやかな陽が注ぐリビングでくつろぐ袴田と姉の秀子。やっと終生のやすらぎの場所と時を得た。

レーニングの賜物《たまもの》である。


「袴田さん、1回もノックアウトされたことないんですよね、確か」

「そう、1回もダウンしたことないのよ。すごいね」

秀子が初めて袴田のことをほめた。

「そういえば、お姉さん、プロの袴田さんの試合を生で観たことはあるんですか?」

秀子は即座に答えた。

「あるわよ、清水で」

あっ、と思った。

袴田はプロ時代一度だけ静岡県清水市で公式試合をしている。

昭和35年(1960)10月20日のことだ。戦績表には清水市とだけ記されている。清水市のどこか、というのは書かれていない。

この時の相手は、小田宏(三多摩ジム)。6回戦。小田宏のデータは今、現在一切残されていない。

この試合、袴田は見事に勝っている。先にも書いたように故郷に錦を飾ったのだ。

この試合に秀子が来ていた。

相手をした小田宏はひとたまりもなかったに違いない。残念ながら天下無敵の姉弟のコンビに敵うはずはないのだ。相手が悪かった。清水市という場所も小田宏にとってまさにアウェイだった。

そろそろ午後のドライブに出かける時間だ。今日は絶好のドライブ日和である。

猫はどこに行ったのか、姿を見せない。自分がドライブに連れて行ってもらえないことを知っていて拗《す》ねているのかもしれない。

袴田の右手を両手で握りしめた。

それはランニングで鍛えた足よりもさらに固く締まっていた。

これこそ、まごうことなきボクサーの拳だ。

袴田の拳は袴田の魂そのものなのだ。

秀子と握手をした。しっかり締まっていた。それはやっぱりボクサーの姉でありセコンドの手だった。

袴田はずっと同じ姿勢でいた。かまえもせず、弛緩していない。ごく自然な姿勢である。

袴田はいつだって変わらない。

変わるのはいつだって周りである。袴田は目まぐるしく変わる周りをいつだって同じ姿勢でじっと眺め、耳を澄ませて聞いている。

拳を固く握りながら。

ボクサー袴田の証明

姉秀子の心に残る言葉

平成26年（２０１４）３月28日、「袴田事件」の再審開始決定を受けて、日本プロボクシング協会袴田巖支援員会が後楽園ホールで報告会を催した。

その時、姉秀子はリング上にて、こんな言葉を残している。

「48年長かったです。やっと巖と会えました。ひょっこり出てきましてね。長椅子に腰かけて、解放された、と小さい声で言いました。私はうれしくて、これは夢じゃないかと思っていたんです。拘置所から出るときのニュースを見て、『あれはオレじゃない』っていうことを言いました。拘置所の中で鏡を見たことないものだから、自分の顔がわからなかったんじゃないかと思います。30の時につかまって、自分はもっと若いまだと思っているんだと思います。再審開始になるまで頑張ってまいります」

同志ルービン・ハリケーン・カーター

袴田は獄中より遠くアメリカの元ボクサーにこんな手紙を送っている。

〈冤罪と闘ったボクサーの同志、ミスター・ハリケーン・カーターへ
カーター氏よ！　ともかく晴れてよかったね。おめでとう！
さて、カーター氏よ！　長い獄中生活の中であなたはボクシングへの情熱を忘れたことはなかったことでしょうなあ！　あなたも私もとても似たボクシングに対する情熱を堅持していたことでしょう。まさにその闘魂があなたの無実を晴らす立派な原動力であったことは疑いありません。
わたしも正義の人の和に力を得て、アメリカ国民に劣らない日本国民の愛と英断《えいだん》を信じて、あなたに続くために最善の努力を尽くします。どうかあなたに等しいこの私の境

遇の誼《よしみ》で、今後の私どもの冤罪闘争をご支援下さいますよう心からお願い申し上げます。〉（平成元年（1989）3月21日　ルビン・ハリケーン・カーター氏への手紙から）

ルービン・ハリケーン・カーター（1937〜2014）はミドル級のボクサーだった。カーターは1966年6月にニュージャージー州で起きた白人3人射殺事件の犯人として逮捕される。裁判では全員白人の陪審員によって有罪となり、終身刑囚として刑務所に入れられた。

捜査も極めてずさんで、肝心の凶器すら発見されないままカーターは刑に服することとなった。

カーターは獄中より冤罪を訴え続ける。『THE SIXTEENTH ROUND（16回戦）』というバイオグラフィまで出版し、冤罪を訴えた。これは当時盛り上がっていた公民権運動も相俟って大きな話題になる。例えばボブ・ディランはカーター事件に強い関心を持ち、自ら『ハリケーン』という曲を作っている。欧米のミュージシャンは、我が国の彼らと違いこうした時事ネタを取り上げた創作にためらいがない。事件を理解し、それについての意見や持論をどこにも忖度なしに作品にしていく。

ハリケーン・カーター事件は、再審となり、紆余曲折あったが1988年、カーターは自由の身となった。袴田の手紙は、22年ぶりに自由を勝ち取ったカーターに送られたものだ。

ボクサー同志、冤罪、長い長い拘留、陰惨な刑務所生活、そして再審、無罪獲得。袴田とカーター、それぞれの事象に長短の違いはあれど、その境遇は驚くほど似ている。

さらに驚かされるのは、袴田事件は昭和41年（1966）6月30日、カーター事件は、同じ年の6月17日に起きているのだ。この間2週間にも満たないのである。ただ偶然の一致に帰するにはあまりに数奇である。

ある意味、袴田の盟友ともいえるルービン・カーターは、2014年4月20日にこの世を去った。

奇しくも袴田はその3週間前の3月27日、再審開始に伴って釈放となった。二人の経緯を見るとそれはまるで何かの符丁《ふちょう》のようである。こんなふたりの間にシンパシーが生じないわけはない。

袴田は、ボクサー崩れという偏見がもとで冤罪となった。かたやルービン・カーターは、黒人に対する偏見が冤罪を生んだ。

偏見が冤罪を生む。こんな理不尽があっていいわけはない。

しかし、二人はいつだってボクサーであることの矜持《きょうじ》を持っている。

ルービン・カーターは、1963年にはマジソン・スクエア・ガーデンの常連となり、同年12月20日には、ウエルター級チャンピオンのエミール・グリフィスを1ラウンドでノックアウトした。

生涯戦績、40試合27勝（19KO、このうち1ラウンドでのKOが8回！）12敗1分。

袴田を追った映画『拳と祈り』にルービン・カーターは出演している。

映画の中でカーターは何度も、

「Free HAKAMADA!」（袴田に自由を！）

「Free HAKAMADA!」

と連呼している。ルービン・カーターの拳を振り上げながらのこの強烈なアピールは観ていて胸に迫るものがある。

ルービン・カーターについては、1999年、その半生を映画化した『ザ・ハリケーン』（監督ノーマン・ジェイソン、主演デンゼル・ワシントン～彼がルービン・カーターを演じた～）という作品がある。監督のノーマン・ジェイソンには黒人への偏見を鋭く衝いた『夜の大走査線』（IN THE HEAT OF THE NIGHT　1967年）がある。『ザ・ハリケーン』でルービン・カーターを演じるデンゼル・ワシントンは『夜の大走査線』主演のシドニー・ポワチエを崇拝していることを公言している。それよりなによりなのは、どちらの作品でも重要な役回りを演じているのが、ロッド・スタイガーという点（※ロッド・スタイガーは『夜の大走査線』でアカデミー主演男優賞を獲っている）である。

この2つの同テーマの作品は、監督はもとより配役も重なっており、時代を超えて結びついている。

しかし、偏見や差別はいくつの時代を重ねても一向になくならない。

それは冤罪という忌まわしい罪業もなくならないということなのだろうか。

風を切って走る

袴田が獄中もボクサーであり続けていた、その証明は今でもしっかりと残されている。

〈六月十八日朝、雨昼間薄日が射す、日弁連に葉書、姉に日記発す。調査事項検討、午後運動に出る、走る。
わたしは時に思うのだが、監獄の狭い運動場では十分に走れないので、せめて、百メートルくらいの距離でよいからめいっぱい走りたい、と。
わたしが自由を勝ち取ったならば最初に叶えるのがこの果て無い夢であるに違いない。肩と股で風を切って走る。想像しただけで全身がうずくのである。〉
（1984年6月18日の日記より）

これこそボクサー袴田の真骨頂だ。ボクサーは絶えず走っている。寸暇を惜しんで走る。下半身を鍛えるために、3分間のラウンドをこなすために、そして減量のために。袴田は不自由な獄中でも走る欲求は捨てていない。それはボクサーだからだ。

この日記をしたためたのが昭和59年（1984）6月、袴田がいう夢、肩と股で風を切って走ること、その夢は30年後の平成26年（2014）3月にかなう。

自由を手に入れた袴田は、その日から浜松市内を毎日10時間、走るようになる。それはだれにも止められない。長年走ることを強制的に禁じられてきたのだ。ボクサーに走ることを禁じるのはシューベルトに作曲をやめろということと同義なのだ。

暗い監獄の中で思い描いた袴田の夢はかなった。

袴田巖、ボクサー袴田、さあ、次の試合に向かって走れ！

〈良心は無実の人間の命を守る唯一の声である。暗く苦しい夜が長ければ長いほど、ひときわ声高く響く良心の声よ。暗鬱と悲痛と憤怒の錯綜した獄中十四年有余、私を支えたのはその声だ。

鶏よ、鳴け、私の闇夜は明るくなった。

鶏よ、早く鳴け、夜がゆっくりと明け始めている。〉

（1981年5月6日の日記より）

これが死刑を宣告された者による文章だと思う人はまずいないだろう。

袴田はこれを死刑宣告の1年後にしたためているのである。

これは確かに袴田巖が〝超人〟になったことを証明するものではないだろうか。

それ以外の解釈はできない。

冤罪は生きてそそがなければ惨め過ぎる

袴田の言葉は味わい深い。へたな作家や文筆家など足元にも及ばない。袴田の文章は書簡や日記に膨大な数が残されている。

そして袴田が生涯一ボクサーであることの証左は日記にも残されている。

〈私の事実勝利の念は、孤独を受け入れるとき、清められ、深められるものです。確かに孤独は私にとってもせつなく、辛いことですが、無意味ではないのです。忍耐しその中で謙虚に孤独を受け入れてみれば、必ず、はっと気づく深い勝利への意味がわかるのです。

孤独から逃避し、何とか解消しようとあせってただ、自分の意志や思惑だけで押し通そうとすると、闘争には空しさやはかなさしか見いだせなくなります。もし絶対に孤独が闘いの源泉であり、神秘を秘めているとするならば、私の闘争は孤独を知るために今の時期がしたたかな怨みとともにあるともいえるでありましょう。

いずれにしても、冤罪は生きてそそがなければ惨め過ぎるのだ。〉
（1984年11月11日の日記より）

この日記を袴田は誰に読んでもらいたかったのだろうか。ただ、自らの心情を日記に吐露することだけで良しとしたのか。

獄中でも闘争もまた、ボクシングもまさしく孤独の闘いである。

この文中、

〈忍耐しその中で謙虚に孤独を受け入れてみれば、必ず、はっと気づく深い勝利への意味がわかるのです。〉

とある。

このくだりはリング上の心境そのものではないか。袴田はやはり生涯一ボクサーだったのだ。どこにいたって、どんな状態に追い込まれても袴田はやっぱりボクサーなのだ。

孤独の中で闘っていく。その孤独を受け入れたとき、勝利に気づく。

ああ、これはまさしくボクサーだけが持つ〝心〟そのものではないか。

袴田は獄中でもボクサーとして闘っていたのだ。

偏見は如何にして生まれたか

袴田が現役のプロボクサーだった昭和34年（1959）～36年（1961）は、まさしくボクシング黄金期の始まりの時期だった。

この時期についてなかなか興味深いデータが残されている。テレビの視聴率である。

昭和30年（1955）5月30日の日本テレビのボクシング中継。白井義男とパスカル・ペレスのタイトルマッチ。

この試合の視聴率はなんと96・1％だった。全国のほとんどのテレビがこの中継を映していたことになる。

続いて、昭和34年（1959）8月10日、フジテレビでボクシング中継があった。パスカル・ペレス対米倉健志戦。

この試合の視聴率は、88・0％。尋常じゃない数字である。

日本はこの時期、ボクシングで沸いていたのだ。袴田がプロデビューした年である。同じ年の11月5日には、やはりパスカル・ペレスと矢尾板貞雄との一戦がフジテレビで中継されたが、この試合は92・3％をたたき出している。

翌昭和35年（1960）、袴田プロ2年目の年には、ジョー・ベセラ対米倉健志戦が78・7％（日本テレビ）、その翌年昭和36年、袴田プロ3年目では、ポーン・キングピッチ対関光徳戦で64・9％を記録した。

袴田がプロ現役の時期、まさしく日本ボクシング界は空前のブームが来ていたのだ。この時期、プロボクサーであった袴田はある意味、幸運だったといわねばなるまい。

袴田の試合にしても2試合、テレビ中継があった。残念なことにいずれも今、テレビ中継局にもそのビデオテープは残されていない。痛恨の極みといわざるを得ない。

ボクシング中継について気になる事案がある。

NHKは昭和37年（1962）2月をもってボクシング中継を止めてしまった（※NHK最後の中継は、海津文雄と権堂正雄戦）。

その理由は、ボクシングと反社会的勢力との関わり、である。

この事案は、いわゆる〝ボクサー崩れ〟という言葉と併せてボクシングに対する偏見に直結することなので実情を知っておかなければなるまい。

戦前はやくざがそのままボクシングの選手になるというケース（※有名どころでは浦上信之（人斬り信　住吉会）、出口辰夫（モロッコの辰　稲川会）、長岡宗一（ジャッキー長岡　山口組）がいる）も珍しくなかった。

ボクシングの興行面ではさらに暴力団との関係性は密接である（※藤田卯一郎（松葉会）、阿部重作（住吉会）はボクシング興行を取り仕切っていた）。

山口組3代目組長田岡一雄は、ピストン堀口の強力な後援者だった。堀口が外国人選手との試合で判定負けしたときなどは、大勢の山口組組員がリングに殺到し、レフリーに抗議した、という驚きの逸話がある。

かねてよりボクシングでは住吉会（※大日本興業・高橋輝男）との関係性が濃厚だとも言われていた。

しかし、これらのことはいずれも戦前の話である。

ただ、戦後が両者の関係は一切ないかといえば、そうではない。戦前ほどではないにしても名残もあってそれなりの縁はあっただろう。ＮＨＫがボクシング中継を打ち切りにしたのもその点を問題視した故であったのだろう。

しかし、今は両者の関係は結びつきにくい。少しでもそのような気配があれば容赦なく、直ちに指摘されることになる。当局にしても監視は厳しい。

袴田が現役の頃にしたって、両者の関係は戦前に較べれば希薄になりつつあるという状況だった。

要するに両者の戦前における濃厚な関係からの固定観念が、袴田に対して〝ボクサー崩れ〟といったような偏見をもたらせたのだ。

袴田のように真面目にボクシングに向き合っていた者にとって、この時代遅れの思い込みは迷惑このうえないものだった。ましてや袴田はそんな偏見によってあのような忌まわしい事件に巻き込まれてしまったのである。

偏見、差別――。

持つ方は、たいしたことではないにしても持たれる方は、その人生だっていとも簡単に壊されてしまう。あってはならないこととしかいいようがない。

袴田は、ある人に宛てた手紙の中でこう言っている。

〈私は二つの拳で戦ってきたボクサーなんです。ボクサーであることが私の唯一の誇

りなんです。凶器を持って人を殺せるとおもいますか。〉

この言葉がすべて、といってもいい。そう、袴田は真のボクサーなのだ。

ナックルで打つ

ボクサー袴田がボクシングを語る。

平成26年（２０１４）、再審開始となり袴田は47年ぶりに刑務所から解放された。その時に袴田はボクシングについて語っているのだ。先に紹介した映画『拳と祈り』のワンシーンである。

「どういう打ち方がいいかって、ナックルで打つことでね、下からでもよこからどっちからでもナックルが当たるようにサンドバッグ確認して。

ナックルでしっかり常にこう打つ。

××（※不明）をしていれば試合でそうなるんだね。手数《てかず》を出しても常にナックルで

新田涉世会長と姉弟《きょうだい》。時を超えて結ばれた友情。3人の笑顔がやさしい。

す。常に研究していれば負けやせんな。負けず、勝てる、ノックアウトで勝てる。力の対象だとかこういうのが基本になっている」

ナックルパンチとは正しく握った拳の第一関節と第三関節の間の平らになっている部分で打つパンチのことである。

袴田は47年間も獄中にありながら、ボクシングのことはきっと片時も頭から離れたことはなかったに違いない。だからボクシングスタイルについてこれだけはっきりした自分の意見が言えるのだ。

「ナックルで打つ」

「どっかからでもナックルが当たるように」

「常にナックルです」

袴田のボクシングは、一にナックル、二にナックルなのである。

これが袴田のボクシングスタイル。

袴田のボクシング持論はいうまでもなく極めて貴重だが、それにもまして実に暗示的である。

袴田にとってナックルとは何であろうか。

それは袴田にとってボクシングとは？　という設問に直結してくる。

ボクシングにおいては、ナックルというのは、拳をつくったときに、手の甲に一番近い関節と次の関節との間にできる四角の部分を指すそうだ。拳を握ってみると確かにそこは四角を構成している。人間の部位に四角というのはそぐわない感じだが、確かにナックルは四角である。

袴田は自分が心掛けているボクシングスタイルを素直に言ったのだろうが、それにしてもグローブにしまわれた拳のナックルの部分で打つ、というのは素人にはわかりづらい。

ナックル以外で打つのは効果がないのだろうか。それともナックルで打てば飛び切り効くのだろうか。

疑問は尽きないが、袴田のボクシングに対する姿勢は、この〝ナックル〟という言葉で素人にもダイレクトに突き刺さってくる。

袴田はいつでもどこでも闘う時にはナックルを打ちつけてきたのだ。

袴田はその時はまだ存命だった母親に向けて痛切な手紙を書いている。

最後に笑う人が勝つ

〈お母さん
僕の憎い奴は、僕を正常でない状態にして犯人に作り上げようとした奴です。
神さま――。
僕は犯人ではありません。僕は毎日叫んでいます。
ここ静岡の風に乗って世間の人々の耳に届くことをただひたすらに祈って僕は叫ぶ。
お母さん
人生とは七転八起とか申します。
最後に笑う人が勝つとか申します。
又、皆さんと笑って話すときが絶対きます。〉
（1967年2月　母親に宛てた手紙より）

袴田巖は今、生まれ育った浜松に帰っている。姉秀子の話によると、時には穏やかな

21歳、未来の扉に

笑みを浮かべることもあるという。

袴田は、最後に笑う人になったのだ。

袴田は長い長い闘いに勝って、今日も時おり笑って独り言を話している。あの南向きのたっぷりと陽ざしが入る窓の下で――。

参考資料

■掲載のすべての手紙、日記等の引用元……袴田さんの再審を求める会によるＨＰ
『冤罪袴田事件』より
■表紙写真……山崎俊樹氏より提供
■写真……勝又洋氏より提供
■写真協力……袴田秀子
■協力……日本プロボクシング協会

齊藤 寅（さいとう しん）

1962年名古屋市生まれ。週刊誌記者を経て現在、フリー。

著書に、『世田谷一家殺人事件 殺人者たちの告白』（草思社）、『関西電力「反原発町長」暗殺指令』（宝島社）、『暗躍する外国人犯罪集団』（花伝社）、『世田谷一家殺人事件 銘肌鏤骨（めいきるこつ）』、『桐島聡 逃げる。』（青志社）がある。

カバー・本文デザイン：足立友幸
進行：久保木侑里／三浦一郎

ボクサー袴田巖 RUNS

二〇二五年三月二十七日　第一刷発行

著　者　齊藤 寅

編集人
発行人　阿蘇品 蔵

発行所　株式会社青志社

〒一〇七-〇〇五二 東京都港区赤坂5-5-9 赤坂スバルビル6階
（編集・営業） Tel：〇三-五五七四-八五一一 Fax：〇三-五五七四-八五一二
http://www.seishisha.co.jp/

印刷・製本　株式会社太洋社

ISBN 978-4-86590-192-4 C0095